KB253780

앱티즌

앱티즌

citizen
application
apptizen

이동우 지음

21세기북스

“세상을 바꿔볼 기회를
잡고 싶지 않으십니까?”

_스티브 잡스(1985)

이제는
앱티즌의 시대다

2010년 급변하는 환경 속에서도 우리나라는 물론 전 세계적으로 공통적인 현상이 벌어지고 있다. 바로 스마트폰과 애플리케이션, 이 두 가지가 전 세계를 뜨겁게 달구고 있다. 한쪽에서는 세상이 변한다고 우리도 변해져야 한다고 호들갑을 떨고, 또 다른 쪽에서는 애써 분위기를 외면하려 하며 그저 잠깐 뜨고 마는 유행이라고 평가절하한다.

우리는 과연 어떤 현명한 생각과 행동을 현시점에서 취해야할 것인가? 정확히 상황을 파악하고 대처하기 어려운 현실에서《앱티즌》의 등장은 반갑고 혁신적이기까지 하다. 저자인 북세미나닷컴 이동우 대표가 평소 보여준 학문적인 깊이와 책을 사유하는 폭을 잘 알고 있기에 일단 책의 신뢰가 더해진다.

이 책은 스마트폰과 애플리케이션이 트렌드를 이끌고 모두의 관심이 집중되는 현상을 분석하고 우리가 이 흐름을 어떻게 효과적으로 이용할 것인지에 대해 말하고 있다.

우선 앱티즌이 무엇인지 네티즌에 이은 새로운 세대 혹은 개념으로 이 책은 우리에게 다가온다. 앱티즌이 왜 탄생하게 됐는지를 커뮤니케이션 관점에서 풀어내는 것 역시 흥미롭다. 어떻게 힘의 이동이 국가나 기업에서 개인에게 가고 있는지, 그래서 탄생한 집단지성, 앱티즌 현상에 대해 우리가 알아야할 항목을 상세하게 설명한다.

이후 앱티즌 현상의 핵심은 애플리케이션임을 고찰하고 플랫폼으로서 애플리케이션을 새롭게 분석해보고 애플리케이션의 역할과 특징에 대해 말한다. 이처럼 앱티즌의 탄생배경과 애플리케이션을 알아본 후 실제적으로 우리가 앱티즌으로서 어떻게 살고 있는지, 앱티즌이 어떻게 세상을 바꾸고 있는지, 앱티즌으로서 우리가 성공하려면 어떻게 해야 하는지 이 책을 통해 알아볼 수 있다.

책을 감수하는 과정 속에서 느낌은 실로 놀라웠다. 가장 뜨거운 현상을 가장 적절하게 소개하고 풀어내는 내용을 접하면서 이제는 네티즌이 아닌 앱티즌의 시대가 왔음을 절감할 수 있었다.

앱티즌으로 우리가 준비하고 무장하지 않는다면, 새로운 흐름 속에 주도적으로 나아가지 않는다면 도태되고 낙오할 것이란 생각에 불안감이 엄습했다.

시대는 급변하고 있다. 우리는 원하건, 원치 않건 변화의 중심 속에 놓여있다. 이제 우리가 취할 수 있는 것은 변화의 흐름을 적극적이고 빠르게 수용하고 활용할 것인지, 아니면 수동적으로 뒤늦게 받아들여 뒤처질 것인지의 문제다. 물론 선택은 개개인의 판단이지만 피할 수는 없다.

이 책을 읽는 독자분이 변화의 중심에 서길 원하신다면 《앱티즌》은 현시점에서 가장 효과적인 판단이라 생각한다. 앱티즌의 시대에 몸을 던지고 진정한 앱티즌으로 독자분들이 거듭나길 바란다.

김영석

연세대학교 언론홍보영상학부 교수

앱티즌이
주도하는 세상

혼자서 핸드폰을 만지면서 이런저런 공상을 하다가 도대체 인류가 언제부터 기계를 지니고 다녔을까 하는 엉뚱한 상상을 해봤다. 과거에 우리는 시계가 몸에 지니고 다닌 첫 번째 기계였다. 중학교에 입학하면 가장 받고 싶은 선물 1위가 시계였고, 시계를 차면 좀 더 성숙해진 어른이 되어 가는 감을 느낄 수 있었다. 요즘 사람들이 애지중지하며 가지고 다니는 기계는 휴대전화다. 없으면 뭔가 불안하고, 내 몸의 일부가 떨어진 듯한 느낌을 모두 경험해봤을 것이다.

이제 휴대전화가 스마트 해지고 있다. 전문가가 아니더라도 이전과는 다른 느낌을 주는 디자인, 복잡한 사용법 등 변화를 알 수 있다.

최근 연일 신문지상에 올라오는 것이 스마트폰과 애플리케이션이다. 일반인에게는 생소한 애플리케이션이라는 용어가 난무하면서 이에 대한 설명과 이해가 필요하던 차에 《앱티즌》의 등장은 실로 반갑고 기쁘다. 옴니아, 아이폰, 안드로이드폰 등 전 세계적으로 스마트폰과 애플리케이션 관련 콘텐츠는 21세기의 새로운 변화를 주도할 것이다. 휴대전화가 사람과 사람, 사람과 기계, 사람과 콘텐츠를 연결시켜주는 스마트한 기기로 발전하고 있으며, 이 가운데에 애플리케이션이 자리 잡을 것이다.

저자가 말하고 있는 《앱티즌》이 이를 수노할 것이고 이들이 곧 생산자이자, 소비자가 되는 새로운 형태를 만들어 낼 것이다. 변화의 시대에 출간되는 이 책이 시의적절한 과제와 방향을 제시하였다고 생각된다. 부디 우리 모두가 이 책을 통하여 새롭게 깨닫고, 우리의 삶을 윤택하게 할 수 있기를 바란다.

이진우

SK텔레콤 Data사업본부장

세상을 압도하는
앱티즌을 파악하라

어느 순간부터 우리 사회에는 스마트폰이 대세로 자리 잡고 있다. 올해는 SKT에서 200만 대, KT에서 150만 대 정도를 보급한다고 하니, 스마트폰 가입자가 200만 명 이상 생겨난다는 예측이다.

이와 같은 돌풍은 2009년 10월 '다음 달 폰'이라고 별명이 붙었던 아이폰(iPhone)을 KT에서 출시하면서 시작되었다. 출시한 지 불과 며칠 만에 10만 명을 넘어서더니, 2010년이 되면서는 신규 가입자가 무려 30만 명이 생겨났다고 한다. 이에 질세라 SKT가 안드로이드폰인 '모토로이'로 대반격을 시작했다는 광고가 온갖 매체에서 들끓고 있다. 이 책을 쓰는 도중 안드로이드폰의 대반격이 시작되었다고 한다.

솔직히 두 회사의 경쟁에는 관심이 없다. 애플이 이기든지 구글이 이기든지 그것은 나의 관심사가 아니다. 관심을 갖는다고 해도, 그 관심이 애플 혹은 구글이 이기는 데 보탬이 되지도 않을 것이라고 생각한다. 하지만 우리 사회의 모든 미디어는 애플 진영과 반애플 진영의 경쟁 뉴스를 보도하느라 진땀을 빼고 있는 듯하다. 스마트폰 관련 뉴스의 특성상 매일 빠르게 변화하기 때문에 트렌드를 쫓아가기도 바쁜데, 이것을 기사화하여 독자에게 전달하려는 뉴스 매체의 노력이 가상하다.

뉴스를 보다 보니 눈에 자주 띄는 단어들이 있었다. 그중 하나가 '스티브 잡스'였다. '스티브 잡스 따라 하기', '스티브 잡스식 인재 양성 프로젝트' 등 온통 스티브 잡스 따라 하기에 바쁜 모습이다. 그리고 미디어의 이런 보도를 접하는 개인과 기업들은 도무지 어떻게 해야 할지 갈피를 잡지 못하고 있는 것이 눈에 보인다.

물론 요즘 화두가 되고 있는 애플의 아이폰을 만든 스티브 잡스를 따라 하고 이러한 토대를 만든 스티브 잡스를 배워야 한다는 데 이의를 제기하기 힘들다는 것은 안다. 하지만 이것은 왠지 석연치 않다. 그동안 저널리즘과 커뮤니케이션을 배우면서 느끼고 공감한 내용을 생각해보면, 오히려 커뮤니케이션이 가지고 있는 기본이 더 중요하다는 생각을 했다. 그래서 더더욱 애플과 구글의 플랫폼 전쟁은 관심 영역 밖이 되었다.

문제의 근원을 찾아서

우리는 애플과 구글, 애플리케이션으로 복잡한 시대를 살아가는 데 필요한 어젠다를 설정해야 한다. 그 어젠다는 과거를 설명할 수 있어야 하고, 현재의 문제를 해석할 수 있어야 하며, 앞으로 벌어질 일에 대해서도 예측하고 통제할 이론적 토대를 제공할 수 있어야 한다.

나는 그 문제의 본질이 '사람'에게 있다고 생각했다. 그리고 지금 이 시대를 이끌어갈 사람들을 '앱티즌(Apptizen)'이라고 부르기로 했다. 앱티즌은 '애플리케이션 시티즌'을 조합한 말로, 애플리케이션으로 커뮤니케이션을 하고 유기적 연대성을 만들어가는 존재를 일컫는다. 결국 앱티즌이 이끌어가는 세상의 모습을 그려보고자 했다.

앱티즌의 근원을 찾는 일은, 커뮤니케이션과 관련해서 지금까지 발표된 학술 논문과 도서를 검색하고 그 안에서 답을 찾는 작업이었다. 그 과정에서 인류가 만들어낸 제1의 혁명은 언어와 문자, 제2의 혁명은 구텐베르크의 금속활자, 마지막 제3의 혁명은 디지털 문화라는 것을 알 수 있었다. 인류가 이 세 가지 혁명을 토대로 어떻게 세계화를 진행해왔는지, 한편 개인화는 어떻게 전개되어왔는지 살펴봐야 했다. 그 안에서 앱티즌의 태동을 엿볼 수 있다고 믿었기 때문이다.

그리고 지금 이 시대 모바일 비즈니스 전쟁 속에서 가장 중요한 개념인 '플랫폼'이라는 개념을 찾을 수 있었다. 결국 현재의 모바일 비즈니스 전쟁은 플랫폼 싸움이라는 결론을 내리고, 이 현상을 분석하여 앱티즌의 특성을 찾고 모든 기업과 개인이 앱티즌의 성향을 읽어내기를 바랐다.

또 중요한 발견을 하게 되었다. 지금 우리가 사용하는 애플리게이션이 바로 플랫폼이라는 사실을 깨달은 것이다. 우리가 애플의 운영체제나 구글의 안드로이드 운영체제를 플랫폼이라고 생각하는 것은 어려운 일이 아니다. 하지만 애플리케이션이 플랫폼이라는 생각은 하지 않았던 것이 현실이다. 애플리케이션을 플랫폼으로 인식하고 나면, 지금까지 논의되었던 '집단 지성'을 비롯하여 인터넷 가상공간에서 벌어지는 수많은 일을 설명할 단초를 얻을 수 있다.

마지막으로 이러한 작업을 통해 우리가 마음속에 품고 있는 우상, 즉 스티브 잡스를 따라 하는 데서 벗어날 수 있기를 간절히 바랐다. 나는 이 현상을 구텐베르크의 은하계를 본따서 스티브 잡스

의 은하계라고 불렀는데 그래야만 더 넓은 세계를 볼 수 있을 것이
라고 믿었기 때문이다.

스티브 잡스의 은하계를 넘어서

구텐베르크의 금속활자 발명을 '구텐베르크의 은하계'라고 설명
한 책이 있었다. 그리고 구텐베르크가 엄청난 일을 해낸 것은 사실
이지만 동양적인 사고방식도 중요하다는 것을 이야기하고자 '구
텐베르크의 은하계를 넘어서'라는 표현을 쓰는 사람들도 적잖았
다. 마찬가지로 스티브 잡스를 이 시대를 끌고 가는 대표 아이콘이
라고 생각하는 미디어가 상당수 존재한다. 물론 여기에 이의를 제
기하기는 힘들다. 하지만 우리가 이야기하는 문제의 핵심을 사람
중심으로 생각한다면, 이 문제의 핵심이 스티브 잡스가 아니라는
데 공감할 것이다. 중요한 것은 소셜 미디어의 특성, 그리고 커뮤
니케이션에 대한 원리적 해석이라는 것을 깨달을 것이다. 그것을
알아야만 애플리케이션을 사용하고 애착을 느끼는 앱티즌을 정의
할 수 있고, 그들을 볼 수 있다.

　하지만 사람들 대부분은 이런 사실을 제대로 파악하지 못하고
항상 모든 문제를 구조화하고 단순화하려고 애쓴다. 그래야만 문
제의 본질이 보인다고 믿기 때문이다. 물론 표면적으로 보면 맞는

말이다. 하지만 좀 더 깊게 들어가 보면 다른 문제가 보이는 경우가 더 많다. 앱티즌의 문제가 그렇다. 겉으로 보기에는, 스티브 잡스라는 애플의 CEO가 줄곧 신기한 컴퓨터 또는 모바일 장치들을 개발했고 급기야 휴대전화 기능을 탑재한 스마트폰을 만들어냄으로써 인류는 편리한 도시 생활을 영위할 수 있게 되었다. 우리는 스마트폰에 탑재해 구동할수 있는 프로그램을 애플리케이션이라고 부르고, 애플리케이션을 사용하는 수없이 많은 사용자를 '앱티즌'이라고 부르면 그만이다.

문제를 이렇게 1차적으로 정리한다면, 일반인들은 스마트폰 가운데 하나를 골라 세상에 떠돌아다니는 수많은 애플리케이션 중에서 내게 필요한 것을 다운로드 받아 사용하면 된다. 또 기업들은 돈이 될 만한 애플리케이션을 하나 정도 만들어서 잘 팔리도록 노력하면 그만이다. 하지만 이대로 결론을 맺어버리면 우리는 미래 사회에서도 벌어질 일에 대해 항상 수동적인 입장이어야 한다. 만들어주는 대로 사용하고 그저 따라 하기만 하면 되는 위치에 놓인다는 말이다.

애플리케이션은 스티브 잡스가 갑자기 만들어낸 웹 프로그램이 아니다. 스티브 잡스는 앱스토어라는 애플리케이션을 판매할 수 있는 공간을 제공하고, 애플리케이션을 자유롭게 사용할 수 있는 물리적 장치를 제공했을 뿐이다. 실제 애플리케이션은 각 나라에서 생활하는 수많은 개발자가 만들었다. 그리고 그 숫자는 이미 15만 개를 넘어섰다. 애플 앱스토어의 수없이 많은 애플리케이션을 스티브 잡스가 만들었다고 생각하는 사람은 없다. 단지 잡스는 세계화 과정을 이해하고, 그 안에서 이루어진 개인화 과정을 내다보고, 그러한 플랫폼을 만든 데 불과하다. 여기에 우리가 스티브 잡스의 은하계를 넘어 앱티즌을 이해해야 하는 이유가 존재한다.

앱티즌의 구성

이 책은 크게 두 파트로 구성되어 있다. 첫 번째 파트에서는 앱티즌을 정의하고 왜 앱티즌이라는 개념이 만들어졌는지, 그리고 이론적 배경으로는 어떤 것들이 있는지를 살펴본다. 두 번째 파트에서는 앱티즌의 10가지 스타일과 앱티즌이 세상을 바꾸는 7가지 법칙을 다루었다. 앱티즌은 과거의 네티즌과는 사뭇 다르다. 인터넷을 통한 구매 패턴과 스마트폰에서 애플리케이션을 구매하는 패턴은 그야말로 다르다. 이것뿐만이 아니다. 앱티즌은 지금까지와는 다른 커뮤니케이션과 자아실현의 방법을 가지고 있다. 그래서 앱티즌의 10가지 스타일을 정의해보았다. 이와 더불어 앱티즌이 세상을 바꾸는 7가지 법칙은 기업의 전략 담당자와 의사결정을 해야 하는 임원들이 재미있게 볼 만한 내용이라고 생각한다.

마지막으로 앱티즌 시대의 성공 법칙을 이야기했다. 피할 수 없다면 즐기라고 했던가? 앱티즌이 몰고 올 변화를 두렵다고 인식하지 말고, 오히려 앱티즌이 되어서 이 변화의 주인공이 되기를 바라는 마음에서 이 내용을 썼다.

사실, 두려운 것은 우리 모두 마찬가지다. 불과 15년 전에 인터넷이 상용화되어 지금까지 많은 변화가 있어왔다. 이제 막 상용화된 스마트폰의 애플리케이션들은 그야말로 상상을 초월한다. 사용해보지 않았다면 당장 스마트폰을 이용해보라. 가상현실을 넘어 이제는 '증강현실' 이라는 말이 보편적으로 사용되는데, 이 모든 것이 우리에게는 신기하면서도 두렵다. 하지만 두려워하지 말고 즐기자. 우리가 앱티즌이 되면 이 현상을 느긋하게 즐길 수 있다고 믿는다.

나는 정보 통신 기술과 관련한 전문가가 아니다. 내가 관심 있는 분야는 커뮤니케이션과 저널리즘이다. 그래서 나를 설명하자면 단순히 아이폰을 사용하는 앱티즌이라고 하는 것이 맞다. 아이폰에 설치되어 있는 애플리케이션으로 하루를 시작하고 그것으로 하루를 마감하는 한 개인에 불과하다. 하지만 아이폰과 애플리케이션을 사용할수록 우리의 삶이 너무나도 많이 변해가는 데 놀라지 않을 수 없었다. 이 모든 현상에 대해 커뮤니케이션과 그 이론에서 답을 찾고 싶었다.

다른 이들은 이 모든 현상의 해답을 스티브 잡스에게서 찾으려고 한다. 또 아이폰과 구글폰의 전쟁에 몰두해 있다. 그것도 아니라면, 그저 재미있는 애플리케이션 찾기에 열중한 사람들도 있다. 물론 모두 맞다. 하지만 우리가 진정 이 시대를 살고 있다면, 적어도 이 시대를 변화하게 만드는 것이 무엇인지는 알아야 할 것이다. 그래야 미래를 준비할 수 있다.

솔직히 지금까지 우리는 우수한 성능과 기술이면 모든 것을 뛰어넘을 수 있다고 생각해서 기업과 개인 모두가 그것에 온 힘을 쏟았다. 하지만 이제 그럴 때가 아니다. 성능과 기술은 두 번째 사안에 불과하다. 아니, 어쩌면 더 뒤에 가서 고려해야 할 사항인지도 모른다.

중요한 것은, 기본 원리를 깨닫고 기본 원리 위에서 지금 사람들이 어떻게 변화할지 아는 것이다. 미디어는 스티브 잡스 따라잡기에 바쁘고, 정부는 한국형 스티브 잡스를 발굴하고 육성하기에 바쁘다. 하지만 그런 것은 이미 우리에게 중요하지 않다.

나는 이 책에서 기본을 강조하려고 했다. 커뮤니케이션 이론, 그리고 중요하지만 우리가 생각하지 못했던 것을 제시하고자 노력했다. 그리고 이 모든 것에서 해답을 같이 찾아보고 싶었다. 신기한 것은 기본을 찾아볼수록 앱티즌의 시대가 왔음을 확신할 수 있었다는 점이다. 따라서 독자 모두가 앱티즌 시대를 준비하기를 진심으로 바란다.

광화문 사무실에서

이동우

차 례

앱티즌의 힘, 애플리케이션

앱티즌 10가지 스타일

앱티즌 시대 성공 법칙

앱티즌은
누구인가

****

앱티즌의
하루 생활

00:00 밤에 잠들기 전에 스마트폰에서 잠자기 관련 애플리케이션을 켜고, 배게 옆에 두고 잔다.

05:00 스마트폰은 매일 지정된 시간에 알람을 울린다. 침대가 진동하고 이제 소리까지 들린다. 도무지 일어나지 않을 수 없는 상황을 만들어낸다. 하지만 여기서 끝이 아니다. 지난밤에 얼마나 깊이 잤는지, 뒤척이는 경우는 없었는지 따위의 숙면 정도를 그래프로 보여준다.

05:15 눈을 뜨고 나면 간밤에 들어온 이메일이 없는지 확인한다. 급하게 무엇을 요청하는 이메일이나 시간대가 다른 나라에서 온 이메일이라면 먼저 그 이메일에 답을 해야 하기 때문이다.

05:30 일어나서 출근할 준비를 한다. 세수를 하고 아침을 먹고 옷을 입을 시간이다. 그런데 아직 지상파 정규 뉴스는 하지 않는 시간이다. 날씨가 궁금한데 날씨 정보도 스마트폰에서 어렵지 않게 찾아볼 수 있다. 대략적인 날씨 정보와 각 지역의 날씨, 심지어 전 세계 날씨 정보도 금세 알아낼 수 있다. 불과 얼마 전까지만 해도 뉴스를 하기 전에 날씨를 알려면 24시간 뉴스 채널에서 날씨 정보를 기다리거나, 컴퓨터를 켜고 인터넷 브라우저를 열어 날씨 정보를 제공하는 사이트를 방문해야 하는 번거로움이 있었다. 족히 5분 이상은 걸린다. 운이 나빠 컴퓨터가 잘 작동하지 않거나 바이러스라도 감염되었다면 10분은 걸린다. 차라리 10분 더 자는 편이 나았을 거라는 후회가 들 수도 있다. 하지만 스마트폰에서는 이것도 전혀 어렵지 않은 일이다.

05:50 이제 날씨 정보를 알았으니 본격적으로 집을 나선다. 새벽 시간이라 길은 거의 막히지 않는다. 하지만 간선도로 혹은 도시고속도로에 사고 상황은 없는지 살펴보려고 스마트폰에서 애플리케이션을 켠다. 애플리케이션은 88올림픽도로 한남대교 부근이 사고로 정체되어 있다고 알려준다. 지나가야 할 길이지만 우회하면 된다.

07:00 차를 몰아 아침 8시부터 강의를 해야 하는 회사 근처에

도착한다. 길이 조금은 막힐 것을 예상해서 일찍 출발했는데, 초행길인데도 7시에 그 회사 주차장에 도착한다.

07:10 모닝커피 생각이 간절하다. 이제 차에서 내려 커피 전문점을 찾아야 한다. 스마트폰을 다시 켜고 애플리케이션을 찾는다. 이번에는 주변 반경 500미터에서 3킬로미터까지 맛있는 커피 전문점을 찾아주는 애플리케이션이다. 초행길이지만 현재 있는 곳에서 200미터 떨어진 곳에 커피 전문점이 있단다. 이른 시간이라 혹시 몰라 바로 스마트폰으로 전화를 건다. 다행히 커피 전문점은 이미 문을 열었고 맛있는 커피가 있다고 한다.

07:25 내 앞에는 맛있는 커피가 있고, 아직도 30분이라는 시간이 남아 있다. 이제 아침에 도착한 이메일을 하나씩 천천히 읽어보고 그 자리에서 답할 수 있다. 또 신문을 보지 못했는데, 언론사에서 제공하는 애플리케이션으로 국내외 뉴스를 모두 검색해서 볼 수 있다. 커피 전문점에서 이것저것 하다 보니 어느덧 8시가 다 되어간다.

08:00 강의를 할 시간이다. 강의를 하면서도 스마트폰은 내 손에 늘 쥐어 있다. 스마트폰을 손에 쥐고 한 장씩 넘기면 내 뒤에 있는 스크린에서도 화면이 전환된다. 예전에는 프로젝터가 보여주는 스크린을 바꾸려고 별도의 리모컨을 사용하거나 컴퓨터 자판

을 이용해서 화면을 넘겼는데, 이제는 그럴 일도 없다. 그저 어느 곳에 있든 화면을 넘길 수 있게 되었다. 이렇게 편할 수가 없다.

09:30 강의를 마치고 그 회사 임원들 또는 실무진과 회의를 할 일이 남아 있다. 회의 관련 자료가 필요한데, 스마트폰과 사무실에 있는 내 특정 폴더를 연결해주는 애플리케이션으로 워드·엑셀·파워포인트·PDF 문서 등을 모조리 다 검색하고 읽을 수 있다. 인터넷이 되는지 확인하지 않아도 되고, 인터넷이 되는 노트북도 전혀 필요하지 않다. 메모할 일이 있다면 스마트폰에서 메모장을 열어 기록해두거나 필요하면 그 자리에서 바로 이메일을 보낼 수도 있다.

10:30 이제 강남역 부근에 있는 회사와 한 점심 약속 장소로 이동한다. 스마트폰은 목표 지점에 이르는 가장 빠른 길을 안내하고 소요 시간도 알려준다. 그래서 이번에도 시간이 조금 남는다. 주말에 보고 싶은 영화 예고편을 스마트폰에서 찾아볼 수 있고, 지방에 내려갈 일이 있다면 KTX 출발 일정이 어떻게 되는지도 확인해볼 수 있다.

11:20 운전 중 갑자기 전화가 온다. 다음 주 일정을 묻는 전화다. 스마트폰이 없었을 때는 일단 전화를 건 사람의 일정을 묻고 나중에 전화해서 약속을 잡아야 한다. 하지만 이제는 스마트폰에

서 내 일정 보기를 눌러 일정을 확인하고 시간 조율만 하면 된다. 또 내 약속이 변경되었다고 회사에 전화를 해주지 않아도 된다. 인터넷을 통해 일정 프로그램이 업데이트 되면서 다음 주에 잡힌 일정을 공유할 수 있기 때문이다. 반대로 회사에서 내 일정을 조정하면 곧바로 스마트폰에서 일정이 변경된 것을 확인할 수 있다. 쌍방향 소통이 가능한 것이다.

11:50 점심 약속 장소에 도착한다. 스마트폰으로 전화를 걸어 약속 시간 전이지만 미리 도착했음을 알린다.

13:00 식사 도중에 회사에서 급한 일이라며 전화가 온다. 자세한 내용은 이메일로 보냈다고 한다. 이메일을 열어 관련 내용을 확인한 다음 담당자에게 이메일로 답신한다.

13:30 다시 차에 오른다. 아침부터 강의를 하고 회의를 하고 다녔더니 무척 피로하다. 스마트폰에서 자연의 소리를 찾아 잠깐 켜놓고 눈을 붙인다. 5분 정도 지났을까, 다시 움직일 기운이 생긴다.

15:00 이제 사무실이다. 회의를 하면서 직원들의 일정과 대외 스케줄, 특히 촬영 스케줄 등은 모두 스마트폰을 참고한다.

18:00 저녁 약속이 있어서 다시 사무실을 나선다. 퇴근 시간이라 무척 길이 막힌다. 그래서 이번에는 지하철을 이용한다. 지하철로 향하면서 스마트폰을 켠다. 지하철역에 언제 열차가 도착하

는지 알기 위해서다. 앗, 1분 후에 도착한다고 한다. 조금 서둘러 뛰었다. 마치 영화의 한 장면처럼 지하철에 간신히 몸을 싣는다.

20:00 저녁 식사를 마치고, 지하철 안에서 오후에 온 이메일을 확인한다. 시간이 조금 남아 언론사에서 제공하는 애플리케이션으로 뉴스도 대충 확인할 수 있다.

22:00 하루 일과를 마치고 주말에 무슨 영화를 볼까 고민 중이다. 스마트폰에서 영화 예고편 몇 개를 보고, 그중 제일 마음에 드는 영화를 고른다. 예매는 스마트폰에서 할 수 없다. 오늘 처음으로 컴퓨터를 켜서 영화를 예매한다.

24:00 다시 스마트폰을 켜고 잠자기 프로그램을 실행한다. 군대에서 부르던 노래대로 보람찬 하루 일과를 마치고 잠든다.

앱티즌의
정의

뭔가 다른 삶

요즘 내가 살아가는 모습을 돌아보면 과거와는 무척이나 다른 모습임을 발견한다. 과거와 다른 점이 있다면 단지 나이가 좀 더 들었고, 활용할 수 있는 도구와 장치가 조금 많아졌다는 것 정도다. 하지만 이상하게도 나이와 상관없이 내가 스스로 처리하던 많은 부분을 무엇에 의존하는 내 모습이 보인다. 그리고 내가 의존하는 모습은 과거의 행태와는 다르다. 그것은 새로 나온 기기를 잠깐 이용하다가 다른 것을 이용하는 문화와는 근본적으로 다르다.

앞서 이야기한 나의 하루를 보면, 아침부터 강의를 한 날도 거의 하루 종일 외근을 한다. 하지만 하루 종일 사무실에서 일하는 것인지 아닌지 분간하기 어렵다. 이메일 서버에 언제든지 접속할 수 있고, 스케줄을 언제든지 확인할 수 있으며, 다른 회사에서 보낸 제안서를 분석하고 피드백도 할 수 있다. 회사에서도 내 스케줄을 미리 알고 회의 일정과 미팅을 정해줄 수 있다. 신기한 것은 회사에서 내용을 바꾸면 내 스마트폰에서도 바뀌기 때문에 일일이 통화하면서 시간을 조정할 필요가 없다는 점이다. 스케줄 조정은 물론이고, 맛있는 밥집 찾기, 예매할 영화의 시간표 확인, 교통수단 검색 따위가 모두 가능하다. 여기에 실시간으로 친구들과 문자를 주고받을 수도 있다. 상대방이 어디에 있든지 문자를 주고받고 그 친구의 위치도 파악할 수 있는 애플리케이션이 있다. 이 애플리케이션으로는 지구 반대편에 있는 친구의 위치도 검색할 수 있다. 또 그 친구가 있는 지역의 웹캠을 통해 비가 오는지, 길이 막히는지도 알 수 있다.

요즘 나의 일과는 이렇게 애플리케이션으로 시작해서 애플리케이션으로 마감하는 듯하다. 덕분에 어떤 날은 단 5분도 쉬지 못하기도 한다. 스마트폰이 없었을 때는 차를 타더라도 잠시 기다리는 여유가 있었고, 막히는 길로 갈 수도 있었고, 제안서와 이메일을 확인하려고 일부러 사무실에 다시 들어가야 하는 상황도 한두 번이 아니었다. 일의 진행이야 더뎌질망정 조금은 여유를 가질 수 있었던 셈이다. 하지만 요즘 내게는 여유라는 것이 거의 없을 정도로 바쁘고, 이렇게 하루 일과를 마치고 집에 돌아오면 그야말로 녹초가 되고 만다. 모든 기기와 도구가 그렇듯이, 좋은 면이 있으면 어두운 면 또한 있다는 것은 어쩌면 당연한 일이다.

어쨌든 여기서 중요한 것은, 이 현상이 일시적이 아니라 지속적으로 나타나고 있으며 그 빈도도 계속 증가하고 있다는 것이다. 우리는 이 현상을 분석하고 해석해서 도대체 우리에게 무슨 일이 일어나고 있는지 알아야 한다. 또 이 변화의 움직임이 어느 방향으로 옮겨질 것인지에 대해서도 생각할 시간을 가져야 할 것 같다. 바쁘더라도 잠시 멈춰 서서 주변을 돌아볼 시간이 필요하다.

앱티즌이란

'앱티즌'은 애플리케이션 시민(Application Citizens)이라는 뜻으로, 애플리케이션과 시티즌을 조합한 말이다. 스마트폰에서 구동되는 애플리케이션을 활용해 감각기관을 확장하고 도시 생활을 하는 사람을 일컫는다. 우리의 삶이 너무나도 많이 변화하고 있기 때문에 새로운 정의가 필요하고, 이 정의를 바탕으로 미래 모습을 그려야 할 것 같다는 생각에 앱티즌이라는 말을 만들어봤다.

사실 근본적으로 원인을 분석해보면, 우리가 살펴보고 있는 모든 현상의 중심에 바로 '커뮤니케이션' 개념이 존재하고, 그 개념을 이용해 애플리케이션이 만들어졌으며, 그 모든 것을 활용하는 '앱티즌'이 존재한다. 지금까지 일어난 모든 일이 커뮤니케이션 때문에 발현된 것이고, 그 이론들은 모두 애플리케이션으로 구체화되었으며, 스마트폰에 있는 애플리케이션을 활용하는 '앱티즌'이라는 개념까지 생각할 수 있게 되었다는 말이다.

그런데 앱티즌은 기존의 세대 개념과는 너무도 다른 모습으로 구체화되고 있기 때문에 앱티즌이라고 정의할 수밖에 없었다. 앱티즌과 비슷한 개념으로 '네티즌'을 떠올릴 수 있다. 네티즌의 정의를 포털사이트에서 찾아보면 다음과 같이 나온다.

"네티즌(netizen)은 네트워크 시민(network citizens)이라는 뜻으로, 인터넷이 발달하면서 만들어진 용어다. 통신망상에서는 정치·경제·문화·비즈니스·생활 등 다양한 정보가 유통되고 있으며, 가상(假想) 세계를 만들어두고 그곳에 접속하려는 사람을 '전자 통신망 안의 시민'이라고 한다. 전자 통신망 세계의 특징은 현실 세계보다 시민이 더 큰 정보를 생산하거나 발신 능력을 가지고 있다고 말할 수 있다. 그곳에는 시간적·공간적 제한이 거의 없고 현실 세계에서는 곤란한 통신 형태가 여러 가지로 나타난다." 또한 네티즌을 순 우리말로 '누리꾼'이라고 설명하기도 한다.

하지만 '누리꾼'과 '네티즌'이라는 말로는 지금의 애플리케이션 세대를 설명하는 데 어려움이 있다. 먼저 앱티즌이 사용하는 것은 '애플리케이션'이라는 일종의 '플랫폼'이다. 반면 네티즌은 인터넷을 매개체로 해서 검색을 하고 커뮤니케이션을 한다. 쉽게 말해, 인터넷으로 할 수 있는 것은 거의 다 애플리케이션을 이용해서 할 수 있지만 애플리케이션으로 할 수 있는 것은 시간과 공간 혹은 번거로움으로 인해 인터넷에서는 제한적이거나 불가능한 경우가 있다는 것이다. 그래서 네티즌과 앱티즌은 다르다. 우리는 '앱티즌'이라는 말을 이 책이 끝날 때까지 사용할 것이다. 이제 앱티즌에 대해 본격적으로 이야기해보자.

앱티즌의
탄생 배경

* * * * * * *

앱티즌의
탄생 배경

무엇이 우리를
이렇게 만드는가

우리의 삶을 이토록 변화하게 만드는 것은 과연 무엇일까? 다시 말해서, 우리를 앱티즌으로 바꾸어 놓고 있는 것은 무엇일까? 단순하게는 앱티즌이 애플리케이션을 사용하므로 애플리케이션이 구동되는 '스마트폰' 때문이라고 말할 수 있다. 스마트폰이 요즘 대세로 떠오르면서 스마트폰이 우리의 삶을 이토록 변화시키고 있다는 것에 사람들은 이의를 제기하지 않는다. 온갖 미디어에서도 스마트폰 경쟁을 하루가 멀다 하고 보도하고 있으니, 스마트폰이 마치 미래 커뮤니케이션의 대안 혹은 지금 가장 중요한 의사소통의 도구라고 인식하는 것도 무리는 아니다. 만약 그것이 정답이라면, 우리는 스마트폰의 대표 주자인 스티브 잡스만을 연구하고 벤치마킹 해서 더 나은 스마트폰을 만들면 된다. 애플의 아이폰보다 더 좋은 것을 만들면 그만이다. 하지만 다시 생각해봐도 그것은 정답이 아닌 듯하다.

왜냐하면 스티브 잡스가 아이폰과 애플리케이션에서 중요한 아이콘인 것만은 틀림없지만, 이 모든 현상을 설명할 수 있는 모범답안은 아니기 때문이다. 다시 말해, 지금 이 현상을 이해하고 설명하고 앞으로의 전략을 세우려면 스티브 잡스의 모든 것을 연구해서 경쟁력을 파악하고 따라 하기에 앞서 근본적인 부분을 이해하는 것이 필요하다는 말이다.

물론 스티브 잡스가 아이폰을 만들고 애플리케이션을 만들 수 있는 토대를 제공한 것은 사실이다. 그는 빌 게이츠의 유일한 대항마로, 애플의 CEO로 전 세계를 이끌어왔고, 2007년 아이폰의 완성을 전 세계에 알리면서 애플리케이션이 유통될 수 있는 앱스토어를 만들었으며, 또한 음반 시장에 획기적인 돌파구를 만들었다.

결국 이 모든 상황을 촉발한 인물로 기억하는 데 이의를 제기할 여지는 없다. 하지만 좀 더 깊이 살펴보면 다른 것이 보일 것 같다. 왠지 우리가 지금 쫓고 있는 것보다 근본적인 원인을 설명할 수 있을 것 같다. 그래서 우리는 그것을 파악하고 살펴보고 분석해야만 한다.

그 원인을 찾고자 먼저 인문적 배경을 살펴볼 것이다. 사람들은 지금 시대를 개인이 중요한 개인화 시대라고 말한다. 구체적으로 세계화의 진행 과정에서 만들어진 개인화를 살펴보고, 이 개인화가 어떻게 지금 우리가 접하고 있는 현상과 관련이 있는지 살펴볼 것이다. 또 애플의 스티브 잡스에 대해서는 다시 한번 생각해보고, 무엇을 파악하고 따라 해야 할 것인지에 대해서도 살펴볼 것이다. 마지막으로 앱티즌의 근원을 찾고자 애플리케이션에 대해 이야기할 것이다.

앱티즌의
인문적 배경

커뮤니케이션 하는 인간

인간은 본래 커뮤니케이션을 해야만 하는 존재로 태어났다. 인간은 커뮤니케이션을 통해 연대성을 가지며, 커뮤니케이션을 통해 의사소통을 하고, 문명을 발전시키고 이어가는 존재다. 인간이 고대로부터 끊임없이 커뮤니케이션을 해왔다는 흔적은 인간이 커뮤니케이션과 분리될 수 없는 존재임을 말해준다.

커뮤니케이션의 흔적은 근대에 들어와서도 찾아볼 수 있다. 18세기 영국에는 '커피하우스(coffee house)'라는 것이 있었다. 이곳에서 여러 계층의 다양한 사람들이 신문을 읽으며 토론을 즐기곤 했다. 말 그대로 일종의 토론장이었던 셈이다. 한편 17세기와 18세기에 걸쳐 프랑스에는 '살롱(salon)'이 존재했다. 영국의 커피하우스가 무료이면서 여러 계층 사람들이 참여했다면, 프랑스의 살롱은 유료이면서 엘리트 위주로 토론이 이루어지는 장소였다. 또한 독일에는 '식사 모임(tischgesellschaft)'이 존재했는데, 토론과 의견을 공유하는 곳이었다.

그리고 18세기의 이른바 '문학 공중(Literary public)'은 정보를 자유롭게 교환함으로써 비판적이고 공개적인 논쟁으로 공론권을 형성하고 새로운 정치 세력으로 조명받기도 했다. 따라서 인간이 커뮤니케이션을 하는 존재라는 것에 대해서는 인터넷이 발생하기 전이나 지금이나 마찬가지라고 할 수 있다.

세월이 흘러 인간은 교통과 통신을 발전시키기 시작한다. 그러면서 인간은 더 넓은 세계가 존재하며 이 세계무대에서 커뮤니케이션 해야 한다는 필요성을 느낀다. 즉, 커뮤니케이션 측면에서 본다면 세계화가 새로운 국면을 열어준 것이다. 독자들은 앱티즌을 이야기하다가 왜 갑자기 인문적 배경이나 세계화 문제를 거론하느냐고 생각할지 모른다. 그 이유는, 앱티즌의 행동 양상을 볼 때 커뮤니케이션과 분리할 수 없는 현상이 있는데 이는 인간의 의사소통 역사에서 찾아야 하기 때문이다. 그리고 가깝게는 세계화 과정에서도 그 해답이 존재하기 때문이다. 사실, 세계화 과정과

정보 통신의 발달, 그리고 개인화 과정은 서로 다른 것이 아니라 하나의 연장선상에 있음을 말하고 싶다. 특히 세계화와 관련한 내용이라면 역사책 속에서 찾을 것이 아니라 우리 기억 속에 존재할 만큼 매우 가까운 과거의 일이라는 점을 이야기하고 싶다.

세계화 3.0

인류의 역사와 동떨어져서 살아남을 수 있는 개인은 없다. 개인의 역사가 모여 인류의 역사가 되었고, 지금 우리가 살고 있는 이 현실도 과거의 역사가 있었기에 존재한다는 점을 기억할 필요기 있다. 우리가 앱티즌을 이야기하고 있지만, 바로 여기에 과거 세계화에 대한 전반적 이해와 세계화가 몰고 온 개인화 과정을 이해해야 하는 이유가 있다. 하지만 사실 '세계화'라는 말처럼 쉽게 감이 잡히지 않는 단어도 없다. 우리 사회 모든 분야에서 글로벌을 외치고, 인구 대비 전 세계에서 해외 유학을 가장 많이 보내는 나라임에도 세계화라는 단어는 왠지 아직은 무엇인가 어색하다.

먼저 세계화 과정에 대해 살펴보자. 사람들은 요즘 시대를 세계화 3.0 시대라고 정의한다. 세계화 1.0 시대는 1492년에 콜럼버스가 아메리카 대륙을 발견했을 때부터 1800년 전후까지를 말한다. 국가가 변화의 주체가 되어서 국가이익을 증진시키려고 다른 나라를 침략하고 식민지로 만들던 시절이었다.

세계화 2.0 시대는 1800년 전후부터 2000년까지인데, 다국적 기업이 출현해서 그 기업들이 세계 각국에 지사를 파견하고 세계 경제가 하나의 경제권에서 움직이기 시작하던 시절을 말한다. 이때는 국가원수가 전 세계에 흩어진 국민들에게 일제히 이메일을 전송하는 것은 불가능했다. 그러나 다국적기업의 총수라면 전 세계에 흩어져 있는 임직원들에게 같은 이메일을 한순간에 보낼 수 있었다. 기업의 세계화 전략은 그렇게 빠르고 강력했다. 이때까지만 해도 개인화 과정은 전 세계적 주제가 아니었다.

그러나 2000년 이후에 시작된 세계화 3.0 단계가 되면 이야기가 달라진다. 무엇보다 과거와 달라진 점은 인터넷의 출현과 업무의 디지털화다. 사실 우리는 디지털화라는 것에 대해 별로 고민하지 않는다. 하지만 커뮤니케이션 학자들 사이에서 '디지털화'는 인간이 만든 3대 혁명 중 하나라고 이야기할 정도로 매우 중요한 사건이다.

여기에서 주목할 점은, 커뮤니케이션이 기반을 둔 통신 기술의 발달이 본격화되면서 세계화 과정이 이루어졌고, 세계화는 실제 개인화 과정을 촉발한 현상이 되고 말았다는 점이다. 그래서 중요하다.

세계화 3.0과 개인화

뉴스에서도 올해 나타난 세계적 추세의 가장 큰 특징을 지식의 확장으로 꼽았다. 과거 구텐베르크 시절에는 책 한 권이 세계적인 베스트셀러가 되면 5000권에서 만 권 정도 팔렸다고 한다. 하지만 지금은 누군가 새로운 지식을 만들어서 인터넷 사이트에 올리면 바로 그 다음 날 전 세계로 확산된다.

그렇다면 세계화로 말미암아 도대체 무엇이 어떻게 달라졌다는 말인가. 그것은 모든 국가 또는 개인이 동일한 조건과 환경에서 시작한다는 의미다. 과거에는 조건과 환경이 너무나도 차이가 나서 이기는 게임과 지는 게임이 뻔히 보였지만, 이제는 그런 차등이 없어졌다는 것과 마찬가지다.

평평해진 세계, 세계화 3.0 시대가 낳은 결과는 무엇일까? 결론적으로 말하면 개인화를 탄생시켰다. 인터넷과 업무의 디지털화가 개인의 능력이 엄청나게 커지고 확대되는 결과를 나았기 때문이다. 어떻게 보면 9·11 테러야말로 개인이 세계화로 얼마나 큰 힘을 갖게 되었는지 보여주는 사례라고 할 수 있다. '오사마 빈 라덴'이라는 한 개인이 미국을 상대로 전쟁을 했고, 그 후 세계가 바뀌는 것을 온 세계가 지켜보았다.

그 후 많은 것이 변화했다. 미국의 대테러 전쟁만 바뀐 것이 아니다. 중동의 오일 시장을 대체하고자 카스피 해가 대안으로 떠올랐고, 카스피 해가 대안이 되면서 중국 경제가 더욱 살아났으며, 두바이와 터키 이스탄불은 떼려야 뗄 수 없는 관계가 되기도 했다.

나는 만약 9·11 테러가 없었다면 지금 이 세계는 많이 달랐을 것이라고 생각한다. 9·11 테러를 일으킨 것은 오사마 빈 라덴과 그의 테러리스트들이었다고 추정되는데, 몇몇 개인이 이렇게 큰 힘을 갖고 세계를 바꿔놓을 수 있다는 것을 보여준 셈이다. 그러나 그들이 가진 힘은 아이러니하게도 바로 세계화가 만들어준 힘이다. 다시 말해, 세계화로 만들어진 인터넷이 큰 무기가 된 셈이다. 생각해보면 오사마 빈 라덴은 히틀러도 아니고 스탈린도 아니다. 심지어 국가의 지도자도 아니다. 그럼에도 세계를 바꾸어놓았다. 이것이야말로 세계화로 개인이 얼마나 큰 힘을 갖게 되었는지 보여주는 사례라고 할 수 있다.

결과적으로 본다면 세계화가 개인화를 촉발한 중간 역할을 했다는 데는 이견을 제기하기 힘들다. 어쩌면 세계화라는 말 자체가 '인간이 자유롭게 전 세계를 무대 삼아 뛸 수 있는 현상'이라고 이해한다고 해도 어색하지 않을 정도다. 더불어 통신 기술의 발달로 말미암아 세계화를 실현할 수 있는 가장 좋은 도구, 즉 스마트폰을 만들 수 있는 시대가 되었기 때문에 앱티즌이 생겨날 수 있었다.

'힘의 이동'의 원동력
앱티즌

다보스 포럼에서 찾은 힘의 이동

다보스 포럼의 공식 명칭은 '세계경제포럼(World Economic Forum : WEF)'이다. 전 세계를 이끌어가는 정치, 경제, 미디어의 리더들이 스위스 다보스에 모여 지구촌의 가장 뜨거운 현안을 논의하는 국제적 리더들의 모임이다. 이 모임은 매년 1월 다보스에서 열리기 때문에 '다보스 포럼'이라는 이름이 붙었다. 어떤 이들은 '민간 UN 기구'라고 부르기도 한다. 그만큼 다보스 포럼이 중요하고 전 세계가 주목할 화두를 이끌어간다는 말이다. 참석자들만 보더라도 다보스 포럼의 위상을 알 수 있다. 2007년에는 앙겔라 메르켈 독일 총리와 토니 블레어 영국 총리, 그리고 국가수반이 24명이나 참석했고, 장관급 100명, 세계 유력 정치인 180명이 참석했다. 그 뿐만이 아니다. 다국적기업의 총수, 왕족, 미디어 재벌과 금융 분야의 CEO, 국제기구의 총괄 책임자와 NGO까지 실제로 전 세계적으로 내로라하는 사람들은 모두 모인 셈이다.

그런데 2007년 다보스 포럼의 화두는 바로 '힘의 이동'이었다. '지구촌의 힘이 이동하고 있다, 그 힘의 향방을 주시하라'라는 내용이었다. 여기서 중요하게 논의된 것은, 국가 간 권력을 다투는 경쟁방식, 그리고 기업들이 어떻게 경쟁할 것인가 하는 경쟁 구도, 그리고 이 모든 것을 배경으로 하여 통신 기술 발달에 따라 개인이 새로운 권력 계층으로 부상하는 측면이었다.

특히 기술과 사회, 경제, 지정학, 비즈니스 부분에서 4대 힘의 축이 이동하고 있다고 설명했는데, 교통과 통신 기술의 발달은 개인의 커뮤니케이션 기능을 강화하여 전통적인 힘의 근원이었던 국가와 기업의 힘을 약화시킨다고 언급했다.

다시 말해, 우리가 이미 알고 있는 블로그, 인터넷 카페, 동호회 및 기타 단체들은 새로운 커뮤니티의 방식으로 전통적인 권력 구조를 흔들어대고 있다는 것이다. 물론 우리가 이미 알고 있는 내용을 다보스 포럼에서 확인해준 것뿐이라고 말할 수도 있다. 하지만 이러한 사실을 공식적으로 인정하고 그것을 힘의 이동이라고 정의한 것은 또 다른 측면에서 의미가 있다.

중요한 것은 이러한 힘의 이동 배경에 '앱티즌'이 등장했다는 사실이다. 다시 말해, 앱티즌은 다보스 포럼에서 이야기하는 기존 블로그, 인터넷 카페, 동호회, 그리고 영상 파일 공유 사이트인 유튜브와 일 대 다중 문자 메시지 전송기 트위터, 전 세계적으로 통용되고 있는 페이스북 등 실제 거의 모든 애플리케이션을 이용하는 사람들이다. 결국 힘의 이동의 중심에는 '앱티즌'이 존재한다고 할 수 있다.

힘의 이동을 통합하고 주도하는 앱티즌

지금 힘의 이동을 통합하고 주도하는 것은 누구일까? 아이폰을 만든 스티브 잡스일까? 아니다. 지금 이 힘의 이동을 주도하는 것은 바로 앱티즌이다. 인터넷 이용자 수는 이미 2006년에 전 세계적으로 10억 명을 돌파했다고 한다. 2010년에는 18억 명을 넘어설 것이라고 예측되었는데, 아직 18억 명을 넘었다는 조사 결과는 발표되지 않은 상태다. 이렇게 많은 인구가 인터넷을 이용하고 있기 때문에, 인터넷 공간에서 시작된 사회적 논의는 그대로 오프라인으로 표출되어 많은 사회문제를 낳았다.

우리 사회의 경우를 본다면, 2008년을 정점으로 사회적으로 민감한 사항이 인터넷을 통해 여론을 형성했다. 기관과 집단의 힘이 줄어들고 개인의 힘이 늘어나고 있다는 분석은 이러한 배경에서 등장했다고 볼 수 있다. 이런 배경에서 앱티즌이 생겨났다.

물론 앱티즌 이전에도 개인의 힘을 주장하는 아이템에는 여러 가지가 있었다. 이를테면 다보스 포럼에서는 웹 2.0 시대에는 힘의 중심이 개인에게 이동할 것이라고 주장하면서 익명의 다수가 모여 만든 덧글, 카페, 블로그 또는 홈페이지 등을 통해 집단 여론이 형성되고 이것은 전통적인 미디어를 상대할 만한 거대 세력이 될 것이라고 말했다. 우리 사회의 경우를 보더라도, 1인 미디어가 등장하고 파워 블로거가 대거 나타나 전통적인 저널리즘 세력과 팽팽한 접전을 벌이기도 했다. 또 동영상으로 자기 의사를 표현하는 경우도 많았는데, 특정 UCC 사이트는 한 달 방문자가 1200만 명에 이르기도 했다고 한다.

이러한 모든 변화는 웹 2.0이 등장하면서부터 대두된 일이다. 여기에는 위키피디아가 있었고, 유튜브가 존재했으며, 페이스북과 마이페이스 등 소셜 네트워크 서비스가 있었다. 한 가지 문제는 우리가 힘의 이동을 주도하는 실체를 보이지 않는 서비스나 프로그램으로 인식하고 있다는 점이다. 물론 여기에는 나름대로 이유가 있다. 일반적으로 블로그나 세컨드라이프 같은 가상현실에까지 적용할 수 있는 '개인'이라는 단어는 아직 정립되지 않았기 때문이다.

우리 사회에서는 얼마 전부터 덧글에도 실명을 기재하기 시작했으나, 사이버공간에서는 아직도 '익명성'이라는 것이 존재한다. 심지어 다보스 포럼에서조차도 사이버공간의 익명성에 대해 별다른 결론을 내리지 못했다. 그렇기 때문에 힘의 이동의 실체를 규명할 수 있는 개인에 대해 이렇다 할 답변을 내놓지 못한 것이 현실이다. 하지만 앱티즌으로 정의하고 나면 힘의 이동을 주도하는 주체가 누구인지 명확해진다. 앱티즌은 애플리케이션을 활용해서 커뮤니케이션 하는 주체이기 때문에, 힘의 근원을 앱티즌이라고 이야기하는 것은 논리적으로도 무리가 없어 보인다. 그리고 지금까지 우리가 이야기한 모든 프로그램, 즉 페이스북에서 유튜브에 이르기까지 앱티즌은 모든 애플리케이션에 자유롭게 접근하고 그것을 활용한다.

네티즌을 대체하여 등장한 앱티즌

과거 인터넷이 존재하지 않았던 시대에는 매체라고 할 수 있는 것은 텔레비전과 라디오, 신문 등이었다. 일반적으로 퍼블릭 미디어에서는 일방적으로 메시지를 전달하고 시청자, 청취자, 구독자는 아무런 저항 없이 들어야만 했다. 불과 20년 전 이야기다.

이때, 인터넷이라고 하는 독특한 매체가 등장했다. 인터넷은 초기에는 개인과 개인이 연결하도록 만들어지지 않았다. 내 기억으로는 윈도 95가 생겨나면서부터 전화 연결 모뎀이 컴퓨터에 부착되었고, 이메일 한 통을 수신하려고 모뎀 특유의 '삐삐' 하는 소리를 들으며 인터넷을 켜곤 했다. 그러나 본격적으로 인터넷이 보급되면서 많은 사람이 인터넷 브라우저에 접속하게 되었다.

인터넷이 만들어지고 불과 15년이 안되어 많은 변화가 생겼다. 《2009 한국 인터넷 백서》에서 2008년 인터넷 이용 실태 조사 결과를 보면 세상이 변화했음을 알 수 있다. 인터넷 이용자 10명 중 8명이 인터넷을 통해 여가 활동, 자료 및 정보 획득, 그리고 이메일이나 메시지 등의 커뮤니케이션 활동을 하는 것으로 나타났다. 인터넷이 업무나 정보 수집뿐만 아니라, 인간관계를 확장하고 이용자 간 커뮤니케이션을 하는 데도 활용되고 있음을 보여준다.

사실 과거 인터넷을 웹 1.0이라고 부른 적은 없었다. 그냥 '인터넷'이라고 불렀다. 하지만 어느 순간 '웹 2.0'이라는 단어가 등장하고 이전 것은 '웹 1.0'이라고 규정하기 시작했다. 인터넷은 인터넷이지만, 웹 2.0은 그동안 인터넷을 사용하던 방식과는 너무나 차이가 난다는 말이다. 웹 2.0이 되고 나서는 기존에 이루어지던

2008년 인터넷 이용 실태 조사			(2008.11)
구분	이용률	구분	이용률
여가 활동	92.9	동호회 활동	49.1
자료 및 정보 획득	89.0	홈페이지 운영	43.1
커뮤니케이션	85.2	인터넷 금융	35.4
인터넷 구매 및 판매	56.2	전자 민원	10.4
교육 및 학습	55.2	소프트웨어 다운로드 및 업그레이드	9.3

출처 : 《2009 한국 인터넷 백서》 (한국 인터넷 진흥원, 2009)

개인 간의 커뮤니케이션 활동이 더욱 활발해지고 있다.

하지만 여기에도 변화가 있다. 스마트폰이 등장하면서 애플리케이션이 인터넷을 대체한 것이다. 인터넷을 이용하는 사람들을 네티즌이라고 불렀던 것처럼, 이제는 애플리케이션을 쓰는 사람을 '앱티즌'이라고 부를 수 있다. 또 과거 인터넷을 사용하는 사람과 사용하지 않는 사람을 구분했듯이, 지금 우리는 알게 모르게 애플리케이션을 사용하는 사람과 사용하지 않는 사람을 구분하고 있음을 주변에서 어렵지 않게 찾아볼 수 있다.

스마트폰 간에는 보유한 연락처와 사진 및 동영상 파일을 별다른 연결 장치 없이 바로 전송할 수 있는데, 이것은 앱티즌끼리 별도의 프로토콜을 가지고 있다는 것과 다르지 않다. 실제로 애플리케이션을 사용하는 사람들은 서로 동일한 애플리케이션을 사용한다고 할 때 굉장히 큰 공감대를 이루고 대화가 잘 통하는 경우가 많다. 이런 현상은 더욱 가속화되고 있고 전 세계적으로 확산되고 있다. 결국 네티즌을 대신해서 앱티즌이 부상하고 있는 셈이다.

스티브 잡스와
앱티즌의 탄생

스마트폰 시대의 대표 아이콘, 스티브 잡스

서점에 가보면 요즘 스티브 잡스 관련 책이 엄청나게 많다. 트렌드를 웬만큼 잘 읽는 저자들은 이미 스티브 잡스에 대한 책을 펴내기에 바쁘다. 미디어도 바쁘다. 중앙 일간지들과 인터넷 신문들도 모두 스티브 잡스 따라잡기에 바쁘다. 한 기업의 CEO가 아니라 마치 전 세계적으로 유명한 연예인 같다. 그만큼 스티브 잡스라고 하는 이 시대의 아이콘이 중요하다는 것을 반증하는 것이리라.

굳이 책과 미디어를 떠올릴 필요도 없다. 단순히 휴대폰을 구입할 때만 생각해봐도 우리 머릿속에 스티브 잡스가 얼마나 들어와 있는지 알 수 있다. 국내 대표 브랜드인 삼성 휴대폰을 구매하면서 이건희 회장을 머릿속에 떠올리지는 않는다. '아, 내가 이건희 회장이 만든 휴대폰을 샀구나' 하고 생각하지는 않는다 말이다.

반면 애플의 아이폰은 다르다. 아이폰을 구매하면서는 스티브 잡스가 만든 아이폰을 '드디어' 구매했다고 좋아하고, 또 그렇게 말하기도 한다. 솔직히 나도 아이폰을 구매할 때 만난 적도 없는 스티브 잡스 생각이 났다. 그렇다고 해서 내가 애플 제품 마니아도 아니다. 그저 편리함을 추구하고 싶은 보통 시민에 불과하다. 아마도 나와 비슷한 사람이 더 많을 것 같다.

결국 스티브 잡스가 스마트폰의 대표 브랜드 역할을 톡톡히 해내고 있는 셈이다. 그렇다면 스티브 잡스와 앱티즌은 도대체 어떤 관계라고 설명해야 할까? 모든 미디어와 사회 모든 분야에서 스티브 잡스 따라잡기를 외치고 있으니, '앱티즌의 아버지'라고 해야 할까? 아니면 단순히 유행에 그치고 마는 현상일까?

앞서 우리는 앱티즌의 탄생을 인문적 배경에서 찾고자 커뮤니케이션의 역사와 세계화 과정을 살펴보았다. 하지만 스티브 잡스에 대해 말하려면 다시 트렌디한 이야기를 하지 않을 수 없다. 우리 사회에서 스티브 잡스는 이미 너무나도 커버린 인물이 되었기 때문이다.

과거로 돌아가 2007년을 생각해보자. 그때만 해도 스티브 잡스는 그저 마니아층을 이끄는 애플의 CEO 정도였다. 하지만 스티브 잡스는 전 세계인의 기대를 저버리지 않았다. 2007년 1월, 그는 매년 맥월드(Mac World)에서 강연하던 모습 그대로 청바지에 흰 운동화, 그리고 짙은 색 터틀넥을 입고 나타났다. 그리고 아이폰이라고 하는 첨단 휴대폰을 세상에 내놓았다. 그것이 우리 사회에 일대 변화를 일으켰다.

아이폰은 2009년 10월 KT를 통해 국내에 들어왔다. 솔직히 아이폰이 들어오기 1년 전부터 매우 시끄러웠다. 처음에는 KT와 SKT에서 모두 아이폰을 들여온다는 이야기가 떠돌았지반 협상이 쉽지 않았는지 한동안 결정이 나지 않았다. 많은 전문가가 아이폰이 들어왔을 때 얼마나 큰 파장이 있을지에 대해 예측을 내놓았다. 결국 2009년 여름부터 아이폰에는 색다른 별명이 붙게 되었다. 바로 '다음 달 폰'이다. 다음 달에는 출시된다는 무성한 소문 때문이었는데, 다음 달이 되어도 출시되지 않으니 '다음 달 폰'이라 불린 것이다. 마침내 아이폰이 국내에 상륙한 지 100일쯤 되었을 무렵인 2010년 3월 7일, 약 39만 대가 가입되었다. 하루에 4000대 이상이 가입되는 기염을 토해낸 셈이다.

이쯤 되면 '역시 스티브 잡스가 이 시대를 주도하는 아이콘'이라고 주장할 수 있다. 세계화 과정이나 커뮤니케이션에 대한 학문적 접근 없이도 스티브 잡스만 연구해서 더 좋은 서비스를 개발하면 그만일지도 모른다. 또 우리가 늘 하는 이야기처럼 스티브 잡스와 같은 인재를 키우기에 너도 나도 앞장서서 전 국민이 스티브 잡스 따라 하기를 할 수도 있다.

잡스 제대로 잡아보기

스티브 잡스와 관련한 우리 사회의 지나친 관심은 무엇인가 아쉽다. 스티브 잡스가 중요한 인물이라는 데 이의를 제기할 생각은 없지만, 왠지 본질적인 면을 보지 못하고 있다는 생각이 든다. 이를테면 이런 것이다.

2010년 2월 4일자 일간지에는 황당한 기사가 1면을 당당하게 채웠다. "최고는 최고를 알아본다"라는 문구와 함께 스티브 잡스의 '절제의 미학'을 강조하며, 2010년 새롭게 떠오른 스티브 잡스를 분석하는 기사였다. "그의 명쾌한 언어에서, 그가 앉은 의자에서, 그의 선불교 철학에서" 요즘 화두가 되고 있는 "애플의 창의성을 읽는다"라고 했다. 그래서 '조지 나카시마 의자'와 '르코르뷔지에 소파'의 사진도 등장했다. 이 기사는 세계가 왜 잡스에게 열광하는지를 분석하면서 프레젠테이션 기법에 집중했다. 즉, 카리스마 넘치는 스티브 잡스의 프레젠테이션은 남들과는 차별점이 있다는 것이다. 무엇보다도 엔지니어의 실용성과 아티스트적 감성이 제품을 사용자에게 맞추도록 기술과 인문학을 조화할 수 있는 정신을 찬양했다. 그리고 그것을 대표할 아이콘은 '조지 나카시마 의자'와 '르코르뷔지에 소파'라는 설명도 덧붙여 있다. 단순하고 실용적인 의자를 선택한 스티브 잡스는 결국 그의 창의성을 프레젠테이션과 아이폰에 그대로 옮겨놓는다는 식이었다.

요즘 언론 보도에서는 하루가 멀다 하고 스티브 잡스에 대한 기사가 들끓는다. 어떻게 해서든지 스티브 잡스를 분석하고 연구해서 그의 창의성이 도대체 어디서 오는 것인지 파악하려고 안간힘을 쓰고 있다는 것이 보인다. 이것은 그만큼 우리가 스티브 잡스를 모른다는 반증이고, 그만큼 그가 만들어가는 미래가 두렵다는 의미일지 모른다.

이토록 스티브 잡스에게 열광하는 이유는 무엇일까. 지금 일어나고 있는 스마트폰과 애플리케이션을 둘러싼 글로벌 현상을 어떻게든 해석하고 나름대로 생존 전략을 만들려는 것이다. 그렇게 거창하게 말하지 않더라도, 지금 우리 삶에서 일어나고 있는 변화가 왜 일어나는지, 그리고 이 변화에 편승해야 하는지 그저 바라보고만 있어도 되는지 궁금하기 때문일 것이다.

아쉬운 것은 우리가 잘 모르는 스티브 잡스를 이해하려고 꺼내든 카드가 의자와 소파라는 설정부터가 그렇고, 이미 다 아는 프레젠테이션 기법을 들먹이는 것도 왠지 신뢰가 가지 않는다. 더구나 스티브 잡스 관련 기사가 1면에 자리한다는 것은 믿기 힘든 일이다. 그리고 근본적으로, 요즘 급변하는 상황에서 이 모든 것을 해결할 수 있는 답이 '스티브 잡스 따라 하기'는 아닌 것 같다는 생각이 든다.

우리는 스스로를 IT 강국이라고 말해왔다. IT 분야 1등이라는 자부심과 세계에서 가장 빠른 문화를 가지고 있다는 것, 그리고 휴대폰 강국으로 한창 국가 브랜드를 알리고 있다. 그렇다면 우리 스스로 답을 찾아볼 수 있어야 하지 않을까. 스티브 잡스가 아닌 곳에서 답을 찾고, 그 해답으로 지금 우리 사회에서 벌어지는 스마트폰 돌풍과 애플리케이션을 둘러싼 삶의 변화를 이야기할 수 있어야 한다.

또 그 대안으로 미래의 모습을 그려봐야 한다. 지금은 스마트폰과 애플리케이션이 대세이지만, 그 다음 국면은 어떻게 나타날지 연구해보아야 한다. 스티브 잡스 따라잡기는 우리 몸에 맞지 않는 듯한 느낌이 들어서 무엇인가 아쉽다. 본질적인 면을 보지 못하고, 대표 아이콘이라고 생각되는 스티브 잡스만 쫓고 있다는 생각을 지울 수가 없다.

스티브 잡스는 누구인가

초창기의 스티브 잡스는 크게 성공했지만 이해하지 못할 행동을 해서 탐욕스러운 경영자로만 그려지기도 했다. 기술을 가진 엔지니어도 아니었고, 디자인을 하는 디자이너도 아니었으며, 회사의 주식을 가지고는 있지만 무능한 사람처럼 취급받았던, 이른바 '꿔다 놓은 보릿자루'였다.

그러나 스티브 잡스가 애플에서 나가고 잡스 없는 세월을 겪은 후 애플을 경영할 CEO는 전 세계에 아무도 없다는 말이 나왔다. 그때 스티브 잡스가 다시 돌아와 임시 CEO를 맡고 크게 성공을 거둔다. 결국 애플의 임직원들과 애플을 지켜보던 수많은 마니아는 한 가지 깨달음을 얻는다. 그것이 바로 잡스식 비전이다. 우리 식으로 표현하면 혜안(慧眼)이 된다. 사람들은 스티브 잡스에게서 그 비전을 보았던 것이다. 스티브 잡스는 앞으로 디지털 시대가 어떻게 풀려갈 것이며 애플이 어떤 의사결정을 내려야 할지에 대한 명쾌한 비전을 갖고 있었다. 그리고 이 모든 것을 직원들이 보고 공감할 수 있었다.

그동안 전 세계의 사람들은 디자인과 기술이 모이면 모든 것이 해결된다고 보았다. 하지만 결코 상황은 그렇지 않았다. 반면 스티브 잡스는 그 해결되지 않는 상황에서 디자인과 기술이 인간에게 어떻게 접근해야 하는지에 대한 답을 가지고 있었다. 결국 애플은 스티브 잡스와 함께 비로소 성공을 맛보게 된다.

빌 게이츠는 돈을 많이 벌고 큰 성공을 했다. 그러나 기술자나 사용자의 숫자로 따지면 구글이 더 크게 히트했다. 그렇게 평가할 만한 측면이 다분히 존재한다. 그렇다고 판매량 많은 자동차가 최고의 자동차인 것은 아니지만 말이다. 윈도로 모든 것이 수렴되는 컴퓨터 세계에서 새로운 컴퓨터를 내놓고, 그것을 가지고 엔터테인먼트를 비롯해 거의 종교와 같은 마니아층을 만들어낸 스티브 잡스의 애플은 충분히 고려해볼 만하다. 스티브 잡스가 돈을 많이 번 빌 게이츠나 전 세계적으로 성공한 구글을 이길 수 있는 부분이 바로 이 점이다.

여기에서 스티브 잡스가 의미 있는 이유는 무엇일까? 커뮤니케이션 분야는 특허출원이 가장 많은 분야다. 잡스는 이 커뮤니케이션 분야에서 요즘 가장 뜨거운 아이템을 개발했다. 바로 아이폰이다. 앱티즌의 탄생배경으로서 1차적으로는 이 답이 맞다. 하지만 더 깊게 연구해보면, 스티브 잡스가 오랫동안 만들어왔던 플랫폼 리더십이 중요한 것이다. 아이폰과 아이팟, 애플TV와 iTV, 맥북과 아이북 등 애플에서 만든 모든 제품의 플랫폼을 통일하고, 여기에 앱스토어를 만들어 세상 모든 애플리케이션을 흡수하겠다는 플랫폼 리더십이 훌륭한 것이다.

다시 말해, 스티브 잡스는 아이폰을 만들고 앱스토어를 만들어서 전 세계 개발자들이 앱스토어를 통해 애플리케이션을 공유할 수 있도록 했다. 그리고 모든 운영체제를 공유할 수 있게 미리 설계해놓았다. 스티브 잡스는 단순히 물리적 장치들을 만들어낸 것이 아니라 세상이 어떻게 변화할지, 그리고 커뮤니케이션을 기반으로 한 개인들이 어떻게 움직일지를 알았다는 것이다.

9 · 11이 세계화를 촉발한 사건인 것처럼, 스티브 잡스는 앱티즌 시대를 앞당겨 놓은 인물이라고 이해해야 할 것 같다. 지금까지 스티브 잡스가 한 일이 훌륭하기는 하지만, 지금 벌어지고 있는 현상의 전부를 스티브 잡스가 만들어간다고 보기에는 무리가 따른다.

빌 게이츠는 다보스 포럼에서 다음과 같이 언급한 적이 있다. "5년 안에 텔레비전과 컴퓨터에 새로운 혁명이 일어날 것이다. 방송통신 융합의 새로운 승자는 미래를 읽는 사람이다." 스티브 잡스는 빌 게이츠가 말한 대로 그 미래를 보았을 뿐이다.

앱티즌을 알아야 미래가 보인다

세상에는 미래를 이야기하는 책이 수없이 존재한다. 각 산업과 아이템, 그리고 각 국가는 어떤 모습으로 변화하고 살아남을 것인지에 대한 예견도 무수히 존재한다. 그중에서 어떤 것은 맞고 어떤 것은 빗나간다. 구글폰과 아이폰도 마찬가지다. 이 두 가지 폰, 그리고 두 가지 운영체제는 물리적 혹은 공간적 의미를 가진 물건에 불과하다. 지금은 치열한 경쟁을 벌이고 있지만, 결국 누군가는 승자로 기억되고 누군가는 패자로 기억될 것이다. 이것이 지금까지 인간의 역사가 준 교훈이다.

그런데 인간의 역사는 결국 사람이 풀어간다는 것을 생각할 때, 이 두 가지 스마트폰의 운명을 결정짓는 것은 다름 아니라 앱티즌이다. 지금까지 우리는 그 운명을 결정짓는 것이 기술이나 성능이라고 생각해왔다. 그래서 아이패드가 두렵고, iTV가 나오면 어떻게 해야 하나 걱정하고, 안드로이드폰과 아이폰 중에서 누가 승자가 될지 궁금하다. 하지만 그 모든 것은 결국 사람이 결정한다는 것을 보고 배워왔지 않던가. 그들이 바로 앱티즌이라고 보면 된다.

우리는 줄곧 앱티즌의 중요성과 탄생배경에 대해 이야기했다. 앱티즌을 이해하고자 세계화라는 개념을 돌아보았고, 또 스티브 잡스에 대해서도 살펴보았다. 결국, 우리가 집중해야 하는 것은 구글폰이나 아이폰 혹은 iTV가 아니라 이러한 모든 것을 누리고 활용하는 앱티즌이라는 사실에 도달할 수 있게 된다.

기업에는 이러한 사실이 생존 경쟁과 직접 연관이 있다. 휴대폰 제조업체를 포함한 대다수 기업들이 기업이 집중적으로 연구해야 하는 분야가 바로 앱티즌이다. 앱티즌을 연구하고 분석해보아야 한다. 이들이 어떤 성향을 가졌고 어떤 구매 패턴을 보이는지, 그리고 앞으로 미디어가 나아가는 방향에 대해 어떻게 반응할지를 파악해야 한다. 한마디로 앱티즌을 파악해야만 미래가 보인다.

하지만 지금과 같은 분위기라면 우리는 아이폰을 만든 스티브 잡스만 연구하다가 헛되이 시간을 보낼지도 모르고, 구글과 아이폰의 싸움에서 누가 이길 것인가에만 촉각을 곤두세우고 있다가 아무것도 이루지 못할지도 모른다. 혹은 iTV가 나온다는 소문에 긴장하고 있다가 앱티즌이 끌고 가는 세상에 무방비 상태로 놓일지도 모른다.

대다수가 공감하는 것처럼 지금과 같은 글로벌 세상에서 이 문제에 자유로울 수 있는 회사와 개인은 없다. 이동 통신 회사나 휴대폰 제조업체에서 일하는 사람이라면 더 말할 필요도 없다. 그만큼 이것이 메가트렌드로 변화하고 있고, 이러한 움직임은 시간이 갈수록 더 거세지고 있기 때문이다. 이 시점에는 반드시 앱티즌을 연구해야만 한다. 지금 당장 시작해야 한다.

킨들(Kindle)은 아마존닷컴이 2007년 11월 19일에 공개한 전자
책(e-book) 서비스와 서비스를 사용하기 위한 기기를 뜻하는 말
이다. 가격은 359달러다. 판매 개시 후 5시간 30분 만에 매진될
만큼 높은 관심을 모으고 있다.

전자 종이 디스플레이를 사용하며 독자적인 킨들 포맷(AZW)
을 사용한다. 콘텐츠는 스프린트의 EVDO 네트워크를 이용해
아마존의 위스퍼넷에서 다운로드 할 수 있다. 위스퍼넷에 접속
하는 비용은 없다.

2009년 3월 3일에는 아마존닷컴이 아이폰과 아이팟 터치에
서 사용할 수 있는 '킨들' 애플리케이션을 공개했다. 이 애플리
케이션을 설치하면 아이폰과 아이팟 터치에서도 킨들 콘텐츠를
읽을 수 있고, '위스퍼싱크'로 명명된 기술을 사용하면 킨들 하
드웨어와 다른 모바일 기기 간의 정보를 동기화할 수 있다.

킨들은 6인치(15센티미터), 600×800픽셀(167ppi) 해상도를 지
원하는 4단계의 그레이스케일 전기영동 디스플레이를 장착하
고 있으며, 크기는 19.1×13.5×1.8센티미터, 무게는 292그램
정도다. 내장된 저장 용량은 최대 256메가바이트이며, 추가로
SD 카드를 통해 확장할 수 있다.

아마존 킨들의 내장 메모리는 일러스트가 없는 출판물 200개

를 담을 수 있다. 사용자는 아마존에서 킨들 포맷의 콘텐츠를 다운로드 하거나, 아니면 보호되지 않은 모비포켓(PRC, MOBI) 또는 텍스트 파일을 불러올 수 있다. 또한 아마존은 HTML, DOC(마이크로소프트 워드), JPEG, GIF, PNG, 그리고 BMP 문서를 AZW로 변환하는 이메일 기반의 서비스를 제공한다. 이 밖에도 MP3 파일과 오디블 2, 3, 그리고 오디오북의 오디오 파일을 지원하는데, 이 파일들은 USB나 SD 카드를 통해 킨들로 전송해야 한다.

사용자는 킨들 스토어를 통해서도 콘텐츠를 다운로드 할 수 있다. 신간과 《뉴욕 타임스》 베스트셀러 목톡에 나열된 책은 대략 10달러 정도, 고전은 1.99달러에 판매되고, 각 책의 제1장은 무료 샘플로 제공된다. 신문을 구독하려는 사용자를 위해 매달 5.99달러에서 14.99달러 사이에서 구독료를 받을 예정이며, 잡지는 매달 1.25달러에서 3.49달러 사이, 그리고 블로그는 매달 0.99달러를 받을 예정이다.

출처 : www.wikipedia.org

앱티즌의 힘, 애플리케이션

****

애플리케이션이란

애플리케이션의 정의

위키피디아에 따르면 '애플리케이션(Application)'이란 애플리케이션 프로그램, 즉 응용프로그램을 줄인 말이다. 여기서 응용프로그램은 사용자 또는 어떤 경우에는 다른 응용프로그램에서 특정한 기능을 직접 수행하도록 설계된 프로그램을 말한다. 응용프로그램의 예로는 워드프로세서, 데이터베이스, 웹 브라우저, 개발 도구, 페인트 브러시, 이미지 편집 프로그램, 통신 프로그램 등이 포함된다. 광범위한 개념이라고 할 수 있다.

하지만 우리가 말하는 애플리케이션은 스마트폰에서 구동되도록 특정 애플리케이션 판매 공간에서 다운로드 받아 설치하여 사용하는 프로그램을 말한다. 애플의 경우에는 '앱스토어'에서 유료로 구매하거나 무료로 다운로드 받은 프로그램을 말하며, 구글의 경우에는 '안드로이드 마켓'에서 다운로드 받은 프로그램을 말한다.

애플리케이션에 대해 좀 더 자세하게 살펴보자. 먼저 사람들은 흔히 애플리케이션을 '어플' 또는 '앱'이라고 부른다. '앱'이라는 말은 애플에서 제공하는 애플리케이션 구매 공간인 '앱스토어'에서 온 말이다. 앱스토어에는 이미 애플리케이션 15만 개가 있다고 하니, '앱'이라는 말이 애플리케이션의 대명사가 되었다고 해도 지나친 말은 아닌 듯하다.

흥미로운 것은 애플리케이션은 지금까지 등장했던 장치나 도구들과는 조금 다른 양상을 보인다. 애플리케이션을 이용한 삶이 전혀 다른 성향과 모습을 나타낼 수 있었던 것도 애플리케이션이 지금까지와는 다른 도구이기 때문이다.

애플리케이션이 다른 것들과 어떻게 다른지부터 생각해보자. 과거의 장치와 도구 혹은 프로그램은 속도와 기능을 강조한 것이 대부분이었다. 빨리 달리는 자동차, 비행기, 기차 등으로 발전되어 왔다. 컴퓨터도 초기에는 연산 과정을 빨리 처리해주는 데서 시작했다. 그래서 인간의 연산 능력을 확장해주거나 기억 능력을 확장해주는 것에 불과했다.

지난 1000년간 가장 위대한 발명품으로 여겨진 구텐베르크의 인쇄술도 종이 책을 빠르게 확산할 수 있는 토대를 만들어놓은 것이었다. 그 후에 만들어진 팩스, 문자전송기(삐삐), 시티폰, 휴대폰 등 수많은 도구는 모두 의사소통을 빠르게 하려고 만들어졌다. 그리고 이 모든 장치와 기기는 속도를 확보하고 나면 기능 또는 디자인에 중점을 두고 각각 발전해왔다.

하지만 요즘 애플리케이션은 단순히 속도와 기능 중심에서 벗어나 새로운 세상을 만들고 있다. 속도와 기능은 이미 충분히 업그레이드된 상태이기 때문에 더 이상의 발전은 의미가 없다. 따라서 애플리케이션이 집중하는 것은 속도와 기능이 아니라, 새로운 커뮤니케이션의 플랫폼과 그 기능의 확장이다.

결국 애플리케이션을 사용하는 사람들끼리는 시간과 공간을 초월한 커뮤니케이션이 가능하다. 물리적으로 거리가 있는 경우에도 마치 곁에서 대화를 나누는 것처럼 느끼고, 외부에서도 마치 회사 컴퓨터 앞에서 일을 하거나 회의를 하고 있는 듯한 착각을 불러일으킨다는 말이다.

과거에는 인터넷이 가상현실이라고 폄하되기도 했다. 하지만 이미 우리는 가상현실에서 실제 삶을 공유하고, 현실에서 애플리케이션을 이용해 감각기관을 확장하는 능력을 가진 인터넷 슈퍼 인재가 되었다. 이전에는 상상조차 할 수 없었던 놀라운 변화다.

애플리케이션의 탄생 배경

인류의 역사를 돌이켜보면 기술의 혁신에 따라 인간은 수없이 많은 진보를 이루어냈다. 그 진보라는 것은 점진적으로 발전해서 지속적으로 이루어낸 것이라고 생각하겠지만, 인류의 역사를 살펴볼 때 급진적이고 혁신적인 개발과 발전으로 한 단계 업그레이드된 경우가 거의 대부분이다.

우리가 쉽게 생각할 수 있는 기술의 진보가 그렇다. 둥근 바퀴도 그중 하나이고, 산업혁명을 일으킨 증기기관, 구텐베르크의 인쇄술, 또 최근에는 원자력의 발견 등도 인류가 만들어낸 기술 진보의 하나로 기억할 수 있다. 이 모든 기술의 진보는 한순간 혁신으로 이루어진 것이 대부분이었다.

그러나 최근 기술의 진보를 꼽으라면 당연히 데이터 전송 기술, 즉 통신의 발달이라고 할 수 있다. 최초 개인용 컴퓨터가 등장했을 때는 세상과는 격리된 컴퓨터였다. 문서 작성과 단순한 게임이 전부였기 때문이다. 하지만 인터넷이 연결되면서 상호 연결이 가능해지고 문서와 데이터, 심지어 동영상과 실시간 전화 및 화상 전화도 가능한 상태가 되었다. 기술의 진보가 세상을 바꾸어놓고 있는 것이다.

애플리케이션도 변화와 혁명의 과정으로 보아야 한다. 모든 웹 프로그램을 모바일에서 접속할 수 있는 기술의 발달, 다시 말해 피터 드러커가 이야기한 대로 '워킹 스마트(Walking Smart)'가 가능한 시점에 태어났기 때문에 지금 등장한 애플리케이션을 신중하게 바라봐야 한다. 그리고 지금 모든 현상의 중심에서 폭발적으로 증가하는 것이 애플리케이션이기 때문에 애플리케이션을 연구하지 않고서는 앱티즌의 성향과 방향을 알 수가 없다. 눈에 보이기는 하지만 손에 만져지지도 않고, 공간을 차지한 물건도 아니면서 우리 삶을 송두리째 통제하고 있기 때문이다.

여기서 주목할 것은 애플리케이션이 '커뮤니케이션'이라는 학문 분야와 밀접한 관계가 있고, 커뮤니케이션을 이용해서 설명해야만 이해되는 도구라는 점이다. 커뮤니케이션은 인문·사회과학 중에서 유일하게 테크놀로지 기반에서만 발달이 가능한 학문이다. 학문이지만 이미 우리 생활과 완전히 하나가 된 학문이라는 말이다.

우리가 애플리케이션을 둘러싼 세대를 분석하고 애플리케이션의 발자취를 따라가 도대체 이것이 어디에서 왔으며 어디로 갈 것인지, 그리고 지금 세대에는 어떤 영향을 미치는지 살펴봐야 하는 이유도 바로 여기에 있다. 지금까지의 변화는 속도와 기능에 중심을 두고 있어서 속도는 따라잡으면 그만이었고, 기능은 분석해놓고 살펴보면 따라갈 수 있는 것이라고 믿어왔다. 그렇게 기술적으로만 본다면 애플리케이션은 단순한 웹 프로그램이고, 이것을 휴대할 수 있도록 스마트폰에 옮겨놓은 것에 불과하다. 하지만 이렇게 결론을 내리고 나면 지금까지 이야기해온 것은 모두 의미가 없어진다. 또 앱티즌이라고 정의하는 것도 의미가 없어진다.

앱티즌의 핵심은 애플리케이션

우리가 애플리케이션을 살펴봐야 하는 이유는 애플리케이션이 바로 앱티즌의 핵심이기 때문이다. 다시 말해, 앱티즌은 인터넷이 아닌 애플리케이션을 이용해서 세상과 커뮤니케이션 하고 애플리케이션을 통해 자아실현을 하기 때문에 애플리케이션은 앱티즌의 핵심이라고 할 수 있다. 결국 우리가 앱티즌을 제대로 이해하려면 앱티즌을 움직이는 애플리케이션에 대해 알아야 하고, 애플리케이션이 작동하는 원리인 커뮤니케이션에 대해 알아야 한다는 말이다.

사실, 애플리케이션은 기존 인터넷에서 사용하던 웹 프로그램과 별반 차이가 없다고 생각하기 때문에 사람들은 애플리케이션을 사용하면서도 이것이 언제부터 생겼는지는 신경 쓰지 않는다. 그저 갑자기 생겨난 좋은 프로그램이라고 생각하는 것 같다. 그렇다면 스마트폰에서 구동되는 '애플리케이션'이라는 것은 언제 등장했을까? 그 시기는 대략 2006년에서 2007년이라고 할 수 있다. 아이폰의 경우 2007년 1월 9일에 애플이 맥월드에서 터치스크린 기반의 휴대전화로 발표했으니, 대략 그 시점에서 애플리케이션의 근원을 찾을 수 있다.

대표적 애플리케이션인 '트위터(twitter)'를 살펴보자. 우리 사회에서는 아직까지도 트위터에 대한 열기가 뜨겁다. 집회를 하거나 시위를 할 때처럼 수많은 사람이 운집한다면 그곳에는 반드시 트위터가 등장하고 그 내용은 곧바로 전 세계로 실시간 중계된다. 최근에는 2010년 선거를 앞두고 트위터를 이용해 선거운동을 하겠다고 나선 후보들도 나왔다. 그러자 선거와 관련한 정부 부처에서는 트위터로 선거운동을 하는 것은 엄격히 금지하겠다고 못 박았다. 도대체 트위터가 무엇이기에 이토록 야단법석일까. 트위터는 우리가 익숙한 싸이월드의 '일촌맺기' 기능, 즉 'Follow'의 개념을 가진 일종의 메신저라고 할 수 있다. 다만 일대일 메신저가 아니라 일 대 다중 메신저라는 점에서 차이가 있다. 그래서 트위터를 소셜 네트워크 서비스(Social Network Service : SNS)라고 부른다.

트위터는 트위터의 아버지라고 불리는 잭 도시가 개념을 착안했다고 한다. 구체적으로 트위터가 웹 버전으로 공개된 시기에 대해서는 의견이 분분하다. 《트위터, 140자의 매직》에서는 2006년 7월이라고 했고, 위키피디아에서는 2006년 3월이라고 했다. 대략 2006년에 개설되었다고 보면 될 듯하다. 그리고 이듬해 아이폰이 출시되고 나서 2007년 3월에는 대규모 페스티벌에서 공개되기도 했다.

그 뒤, 2008년 트위터는 역사적 순간을 만난다. 트위터로 선거 운동을 하던 미국의 오바마 대통령 후보가 2008년 11월 4일, 소셜 미디어 대통령으로 당선되었기 때문이다. 그 당시 우리 사회에서도 트위터 열풍이 불면서 '오바마 대통령이 사용한 트위터'라는 특별한 수식어가 붙기도 했다.

어쨌든 트위터 입장에서 본다면, 2007년 아이폰의 등장이 커다란 디딤돌이 된 셈이고, 2008년 오바마 대통령 후보자를 만나게 된 것도 기념할 만한 사건이었다. 이렇게 트위터의 역사를 보면서 애플리케이션의 근원을 추정해보면 2006년, 늦어도 2007년부터는 발전하기 시작했다고 볼 수 있다.

애플리케이션의
특징

웹 프로그램을 넘어선 미디어로서의 힘

애플리케이션을 대표할 만한 웹 프로그램 '트위터'를 이해하려면 단순히 웹 프로그래밍을 넘어서 일종의 '소셜 미디어'라는 개념으로 발전해나간다는 것을 기억해야 한다. 다시 말해, 트위터를 통해 모인 의견 또는 집단 지성이라는 '물성'(물리적 성질)은 기존의 전통적 미디어가 가진 '물성'과 흡사하다. 이 말은 기존의 퍼블릭 미디어의 권위가 하락하고, 이른바 '집단 지성'이라고 불리는 소셜 미디어가 미디어의 권위를 대체할 수 있다는 것이다.

여기에서 우리는 애플리케이션 개발자가 며칠 동안 만들어 공유하는 데서 끝나는 것이 아니라 사용자들에게서 재창조되는 과정을 거쳐 소셜 미디어로 발전하는 과정을 인식할 수 있다. 일정 기간의 과정을 거치면 권력이 된다는 말이다.

기억을 더듬어보면 쉽게 이해할 수 있는 대목이다. 2009년 이 란 대통령 선거 부정에 대해 온 국민이 항의 시위를 했던 일이 있 다. 중국 신장(新疆) 위구르 자치구에서는 소요 사태가 일어나 전 세 계가 야단법석을 치른 적도 있다. 또 우리 사회에서는 노무현 전 대통령의 자살 사건이 일어나 그 후 한 달간 혼란스러웠다. 또 팝 의 황제 마이클 잭슨이 돌연사했다. 그리고 2009년 1월에는 미국 허드슨 강에 민간 항공기가 추락했던 적도 있다. 이 모든 사선에는 공통점이 있다. '트위터'를 통해 뉴스가 전 세계로 전파되었다는 사실이다.

급기야 2009년 6월 4일에는 중국에서 천안문 사태 20주년을 맞아 반정부 인사들을 모니터링 하고 대표적으로 트위터와 핫메 일 등을 차단한다고 밝혔다. 이에 언론 기사에서는 중국이 가장 두 려워하는 존재가 바로 '웹 2.0'이라고 서슴없이 말했다. 여기서 말 하는 웹 2.0의 대표적 사례가 트위터다.

정치적인 문제뿐만이 아니다. 우리 실생활에도 너무나도 가까 이 다가와 있다. 2010년 1월 4일에는 기상청 예보와 달리 엄청난 폭설이 쏟아져 출근길 대란이 벌어진 일이 있었다. 필자는 그날

KTX를 타고 전라북도 전주에 방송 녹화를 하러 가는 길이었다. 얼마나 많은 눈이 내렸는지 KTX도 지연 사태가 벌어졌다. 이 때 일반 시민들은 트위터나 미투데이 등을 통해 본인들이 처한 상황을 알리기 시작했다. 그 숫자는 실로 엄청났다. 반면 기존 미디어는 예상치 못한 큰 눈이 내려서 취재도 제대로 하지 못했다. 결국 기존 미디어가 대처하지 못하는 상황에 트위터를 비롯한 소셜 미디어가 기존의 미디어를 대체하고 등장했다. 이제 단순한 웹 프로그램이라고 하기에는 트위터의 위력이 너무 크다.

통합의 본질, 애플리케이션

요즘 서점에 가보면 지식의 통합과 융합을 이야기한 책들을 종종 볼 수 있다. 인터넷 서점에서 '융합'이라고 찾으면 몇 권 보이지 않지만, 실제로는 더 많은 책이 존재한다. 그리고 그러한 책은 무척 어렵기도 하다. 그런데 요즘은 세상이 복잡해져 통합이나 융합이라는 말을 이곳저곳에서 쉽게 쓰는 것 같다. 심지어 융합학과를 만들겠다고 하는 대학도 있어서 이미 대학 두 곳에서 학과 설립 인가를 받은 모양이다. 그렇게 되면 2010년부터는 융합학과에 다니는 대학교 1학년생이 우리 사회에 생겨난다.

통합과 융합의 본질은 인터페이스를 만드는 일이라고 이해할 수 있다. 사실 대부분의 프로그램 서비스는 웬만해서는 통합하거나 융합하기 힘들다. 왜냐하면 서로 연결해야 하는 데이터의 프로토콜이 동일하지 않거나 프로토콜이 동일하다고 하더라도 메타 데이터 값의 표준이 다르면 그 프로그램과 서비스는 무용지물이 되기 때문이다.

　반면 애플리케이션은 이미 통합과 융합에서는 자유롭다. 다시 말해, 이미 모두 통합과 융합이 가능한 환경을 가지고 있다는 말이다. 우리가 사용하고 있는 환경을 생각해보면 이해하기 쉽다. 소셜 네트워킹 서비스인 페이스북(www.facebook.com)은 처음에는 인터넷을 통해 이용해야만 했다. 또 동영상 파일 공유 사이트인 유튜브(www.youtube.com)는 인터넷에서만 검색하고 동영상을 다운로드 할 수 있었다. 여기에 포털사이트인 야후, 네이버, 구글도 마찬가지로 인터넷에서만 사용할 수 있었다. 어떤 기능들은 애플 컴퓨터에서 이용하는 '파이어폭스'라는 웹브라우저나 '사파리'에서는 사용되지 않는 기능이 지원되기도 했다. 그리고 이메일을 다운로드 해서 보는 기능에서도 과거에는 인터넷에서 주로 검색을 해왔다. 또한 일정 관리 프로그램이나 연락처를 보관하고 사용할 수 있는 포맷들도 인터넷에서만 가능한 경우가 많거나 컴퓨터 안에서만 구동되는 경우가 대부분이었다.

그러나 애플리케이션이 구동되는 스마트폰에서는 어떤가. 한 마디로 안 되는 것이 없다. 앞서 이야기한 모든 프로그램은 스마트폰에서 구동할 수 있으며 심지어 길을 안내하는 네비게이션 기능과 증강현실을 이용한 프로그램도 지원된다. 인터넷에서 되는 것은 모두 다 되는 반면, 스마트폰에서 구현되는 기능을 인터넷이 쫓아오지 못하는 경우가 생겼다. 이제 상황이 역전된 셈이다. 이쯤 되면 애플리케이션이 통합과 융합의 시대적 본질을 가장 잘 이해한 플랫폼이라고 할 수 있다.

통합과 융합이 최근 시대가 요구하는 본질적인 욕구였다는 점을 우리 기업들이 미리 알았더라면 우리가 통합하려고 하는 모든 프로그램이 구동되는 플랫폼을 먼저 만들었을 것이라는 아쉬움이 남는다.

애플리케이션을 바라보는 시각의 문제점

지금까지 살펴본 것처럼 모든 중심에는 커뮤니케이션이 존재한다. 커뮤니케이션은 '의사소통학'이라는 일종의 학문이다. 재미있는 사실은 의사소통학은 인문 · 사회과학 중에서 유일하게 기술을 전제로 하는 학문이라는 점이다. 테크놀로지가 기반이 되어야만 가능한 학문인 것이다. 따라서 기술의 발달에 따라 의사소통학은 계속 발전해왔고 지금도 끊임없이 발전하고 있다. 심지어 전 세계 특허 출원의 90퍼센트 이상이 모두 의사소통, 즉 커뮤니케이션과 관련한 것이라고 한다. 그만큼 인류는 알게 모르게 의사소통을 매우 중요하게 생각해왔다는 것을 반증해 준다.

여기에서 눈여겨볼 것이 있다. 지금까지 기술의 발달에 따라 커뮤니케이션이 발전해왔다고는 하지만 그 중심을 이루는 원리는 변하지 않았다는 점이다. 다시 말해, 15년 전에 출간되었던 연구 논문이나 책을 조사해보면 케이블과 인터넷이 등장하면서 텔레비전과 라디오를 구매체로 전락시키고 새로운 커뮤니케이션 수단이 되었다고 말한다. 이렇게 새로운 매체와 도구가 등장하면 인류는 늘 새로운 의사소통 환경에 적합한 새로운 연구가 필요하다고 주장해왔다.

트위터가 등장했을 때도 마찬가지다. 트위터가 등장한 지 불과 몇 년밖에 되지 않았지만, 트위터는 이미 그 어떤 미디어보다도 위력을 과시하고 있다. 걸프전 때는 CNN의 실시간 위성을 통해 전 세계 방송의 파괴력을 확인할 수 있었다. 하지만 트위터는 공중파 매스미디어가 아님에도 엄청난 위력을 과시하고 있다. 그리고 그 위력은 얼마나 더 커질지 상상할 수도 없다.

하지만 문제는 트위터와 같은 애플리케이션이 많다는 것이 아니다. 트위터를 그저 단순한 웹 프로그램으로 생각하고, 물리적이고 기계적으로 생각한다는 것이 문제다. 중국 정부는 천안문 사태 20주년을 맞아 트위터를 차단하는 처방을 내릴 것이 아니라, 근본적으로 세계화와 개인화 과정, 그리고 거기에서 비롯되는 커뮤니케이션의 근본 원리를 이해할 필요가 있었다. 그리고 거기에 맞는 대안을 만들어야 했다. 우리도 트위터와 같은 프로그램을 그저 기계적으로 만들 것이 아니라, 그 근본에 흐르는 원리를 이해하고 파악할 필요가 있다. 트위터는 소셜 미디어의 힘을 보여준 대표적 사례이지만, 이것은 인간이 가진 커뮤니케이션의 큰 움직임에서 나타난 산물에 불과하기 때문이다.

그래서 우리가 이해해야 하는 것이 바로 커뮤니케이션이다. 매년, 아니 매 순간 새로운 커뮤니케이션 도구와 장치, 그리고 프로그램들이 생겨난다. 그중 어떤 것은 살아남고 어떤 것은 사라진다. 결국, 우리가 하는 것은 표면적인 기능이 아니다. 커뮤니케이션의 역할을 하는 기능의 패러다임을 이해해야 한다.

애플리케이션에 대한 고찰

플랫폼이란

플랫폼이라는 단어는 다소 생소할지도 모른다. 하지만 플랫폼은 어렵지 않게 이해할 수 있는 개념이다. 우리가 말하는 플랫폼은 개인과 단체 혹은 기업이 상대방과 커뮤니케이션 하고자 만든 매개체를 의미한다. 그래서 플랫폼은 의사소통의 기준과 규범을 만들어 서로 정보와 아이디어를 교류할 수 있도록 해주는 역할을 한다. 그러나 광의의 개념으로 플랫폼을 인식하면 인류는 대화를 나누기 시작한 이래 플랫폼을 공유해온 것이며, 더 나아가 인간 활동의 모든 면에서 표준과 규범을 갖는 플랫폼을 보유하고 있다고 볼 수 있다.

보통 플랫폼은 두 가지 핵심적 성격을 가지고 있다. 바로 개방성과 공동체적 성격이다. 개방성은 무료로 이용할 수 있다는 의미가 아니다. 많은 사람이 접속하고 이용할 수 있는 가능성을 의미한다. 공동체적 성격은 플랫폼이 소사이어티가 아니라 커뮤니티적 성격이 강하다는 말이다.

여기서는 소사이어티와 커뮤니티의 차이점을 이해해야 한다. 소사이어티는 현대적 의미의 경쟁 사회라고 이해하면 쉽다. 반면 커뮤니티는 'We are the world'처럼 하나의 공동체를 의미한다고 보면 크게 다르지 않다.

이렇게 플랫폼을 이해하면 우리가 사용하는 언어도 플랫폼이라는 것을 알 수 있다. 개방성과 공동체적 성격이 존재하기 때문이다. 또 인터넷 발달과 더불어 HTML이라는 언어는 인터넷 안에서 공통으로 이용되는 인터넷 언어, 즉 플랫폼이다. HTML을 다룰 수 있어야 인터넷 공간을 이용해서 다른 사람들과 대화할 수 있었기 때문이다. 마찬가지로 프로토콜이라는 인터넷 통신의 표준도 플랫폼이라고 할 수 있다. 결국 우리는 과거로부터 플랫폼이라는 것을 공유해왔고, 지금도 많은 부분에서 서로 다른 플랫폼을 공유하며 살아간다.

그렇게 보면 앱스토어와 안드로이드 마켓 등의 OS는 일종의 플랫폼이라고 인식할 수 있다. 또 이들의 벌이는 모바일 비즈니스의 선두 다툼은 플랫폼의 기본 성격인 개방성과 공동체적 성격을 확보하려는 노력으로 해석할 수 있다. 하지만 우리에게는 또 다른 '플랫폼'이 기다리고 있다.

새로운 플랫폼, 애플리케이션

우리가 이야기하는 애플리케이션이 바로 일종의 플랫폼이다. 애플리케이션은 기술 발달 덕분에 스마트폰을 사용하는 모든 사람이 공유할 수 있도록 개방성을 가지고 있다. 그리고 소사이어티가 아닌 커뮤니티적 성격을 가지고 있다는 것도 애플리케이션이 플랫폼의 역할을 한다는 것을 충분히 설명해준다.

플랫폼이 어떤 것인지 이해하고자 다른 사례를 생각해보자. 애플리케이션뿐만 아니라 우리가 늘 사용하는 마이크로소프트의 윈도도 플랫폼이다. 윈도 플랫폼은 인터넷 프로토콜과 화상회의, 그리고 인터넷 결제 수단 등 수없이 많은 플랫폼을 공유하고 사용할 수 있게 한다. 다만 우리가 그것을 플랫폼이라고 인식하지 않았을 뿐이다. 이를테면 우리 사회에서는 윈도를 이용한 웹 브라우저에서만 인터넷뱅킹을 할 수 있다. 바이러스 퇴치용 보안 소프트웨어도 대부분은 윈도용이다. 우리 사회에서는 마이크로소프트의 윈도가 플랫폼이기 때문이다.

애플리케이션도 마찬가지다. 우리가 늘 사용하는 애플리케이션을 플랫폼이라고 인식하지 않았을 뿐이다. 일단 애플리케이션을 플랫폼이라고 이해하면 많은 부분이 해결된다. 우선 플랫폼이 생겨나면 표준을 만들고 광범위한 영역에 있는 사람들이 사용할 기반이 제공되어야 한다. 그런데 애플리케이션 플랫폼을 제공하는 애플과 구글은 이미 많은 사람에게 알릴 수 있는 기반이 있는 셈이고, 여기에 애플리케이션 개발키트(kit)를 공유함으로써 많은 사람이 동일한 표준의 애플리케이션을 만들고 공유할 수 있도록 되어 있다.

만약 수없이 많은 애플리케이션이 각각 다른 종류의 기계 또는 단말기에만 적합하도록 만들어졌다면 세상은 무척이나 혼란스러워진다. 그리고 그것은 플랫폼이라고 할 수 없다. 기본적으로 플랫폼이 지녀야 하는 요건인 개방성과 공동체적 성격이 결여되었기 때문이다.

결국 플랫폼을 둘러싼 이론적 배경을 이해하고 나면, 왜 애플의 아이폰은 모델이 단순한지도 이해할 수 있다. 애플의 아이폰은 모델명이라는 것이 의미가 없다. CPU와 하드웨어 용량만 다를 뿐, 운영체제는 모두 동일하다. 그리고 그 운영체제도 아이튠스에서 매번 자동으로 업그레이드가 가능하다. 그렇게 해야만 개방성과 공동체적 성격이 확보되기 때문이다.

구글이 안드로이드 운영체제를 공개한 이유도 마찬가지다. 결국 애플은 스티브 잡스라는 대표 아이콘을 앞세워서 아이폰을 이용하게 하고 여기에 수많은 애플리케이션이 자리 잡을 수 있도록 단말기를 제공했다. 반대로 구글은 운영체제를 공개함으로써 스티브 잡스라는 아이콘이 없어도 이것을 공유하고 사용할 수 있도록 한 것이라고 보면 된다.

물론 어떤 미디어에서는 단순히 애플과 구글의 자존심 경쟁 또는 단말기의 성능 경쟁이라고 생각하지만, 이것은 플랫폼 경쟁이라는 측면을 몰라서 하는 이야기다. 경쟁의 핵심은 단말기의 좋고 나쁨이 아니다. 어떤 플랫폼이 더 많은 사용자를 확보하느냐가 승패를 판가름한다. 쉽게 말해 세력 싸움이 된다. 결국 누가 많은 사용자를 거느리고 있느냐가 관건인 것이다.

애플의 플랫폼과 반(反)애플 진영의 플랫폼

우리가 애플리케이션을 플랫폼이라고 인식하게 되면 더 많은 궁금증이 해결된다. 최근 에스파냐 바르셀로나에서 열린 최대 통신 전시회인 '모바일 월드 콘그레스(Mobile World Congress : MWC)

2010'에서는 화두가 협력과 모바일 에코 시스템이라고 했다. 그리고 마이크로소프트, 구글, 노키아, 삼성전자, LG전자, 모토로라, HTC, 소니 에릭슨 등 모바일 업체들이 모여서 긴급 전략을 논의했다고 한다. 여기에 애플은 없었다. 옛말에 적의 적은 친구라고 했듯이, 이번에는 독자적인 플랫폼을 운영하는 애플에 대항해서 나머지 거대 업체들이 연합 전선을 이룬 셈이다.

MWC 2010을 대서특필한 〈매일경제〉에서는 "기능 경쟁의 시대는 갔다. 이젠 모바일 생태계 경쟁의 시대다"라고 LG전자 안승권 사장이 말했다고 전한다. 맞는 말이다. 우리가 줄곧 애플리케이션을 플랫폼이라고 말하는 부분이 바로 이 내용과 일치한다. 그리고 그들이 긴장하는 이유도 바로 여기에 있다. 플랫폼은 개방성과 공동체적 성격이 필요하다고 언급했지만, 이는 곧 플랫폼이 결정되고 나면 쉽게 바뀌지 않는다는 의미이기도 하다. 일단 플랫폼이 결정되면 아무리 좋은 기능과 기술로 승부수를 걸어봐야 그 플랫폼을 사용하고 있는 이용자들이 움직이지 않기 때문이다.

애플은 적어도 이 게임의 승부처가 플랫폼이었다는 것을 알고 있었던 듯하다. 그래서 아이폰을 단순하게 만들었고, 운영체제는 아이튠스를 통해 계속 업그레이드되도록 만들었다. 또 앱스토어를 통해 모든 애플리케이션이 유통되게 한 것도 이와 같은 이유에서 한 행동이라고 생각된다. 물론 전 세계적으로 동일한 디자인에 동일한 기능이다 보니 문제가 없었던 것은 아니다.

예를 들어, 우리 사회에서는 아이폰의 애프터서비스 때문에 참 말도 탈도 많았다. 하지만 애플 입장에서는 이와 같은 문제는 아주 작은 문제라고 생각했을 법하다. 플랫폼이라는 거대 시장을 운영할 수 있는 장점이 있기 때문이다.

이번 MWC 2010에는 전 세계적으로 가입자가 30억 명 이상인 이동 통신업체 24개와 주요 휴대폰 제조 회사 4개가 모였다. 그리고 애플에 대항해서 '슈퍼 앱스토어'를 만들겠다고 선언했다. 지금까지는 모두 다른 운영체제와 플랫폼을 가지고 있었지만, 애플에 대항하려면 통합할 필요가 있었던 셈이다.

이 내용은 이미 구체화되고 있다. 휴대폰 1위 업체로 알려진 노키아와 반도체를 제조하는 인텔은 리눅스 기반의 플랫폼인 '마에모(Maemo)'와 '모블린(Moblin)'을 합쳐서 새로운 운영체제 '미고(Meego)'를 만들었다고 한다. 이 플랫폼은 휴대폰에서만 사용되는 것이 아니다. 스마트폰 · 넷북 · 개인 컴퓨터 · 태블릿 PC · 차량용 운행 정보 시스템 등에서 다양하게 적용되는데, 두 회사의 공동 플랫폼이다 보니 노키아에서 만든 온라인 콘텐츠 마켓인 '오비스토어'와 인텔의 '앱업센터'를 동시에 이용할 수 있다고 한다.

결국 핵심은 우리가 인식하는 애플리케이션과 애플리케이션이 유통되는 앱스토어가 이미 플랫폼과 같은 기능을 하고 있기 때문이라고 해석할 수 있다. 그리고 플랫폼의 특성상 기능과 기술보다는 그 플랫폼이 가진 개방성과 공동체적 성격에 따라 성패가 좌우된다.

앱티즌 역시 이 플랫폼으로서의 애플리케이션을 파악하는 것에서 동떨어지지 않은 이유가 바로 여기에 있다. 여기에서 모든 문제가 생성되고 출발한다.

국내 휴대폰 제조업체의 플랫폼 경쟁

스마트폰과 운영체제, 그리고 애플리케이션과 관련한 일들이 일련의 플랫폼 리더십 경쟁이라는 것을 모른다면 어떤 일이 벌어질까? 2009년 10월 아이폰이 입성하고 나서 구글의 안드로이드 운영체제를 탑재한 스마트폰들이 아이폰에 대항해 일대 전쟁을 벌이고 있는 지금, 앞서 이야기한 모바일 월드 콩그레스라는 이동 통신사 연합의 대형 애플리케이션 커뮤니티도 만들어진다고 하는데 우리 사회에서는 어떤 준비를 하고 있었을까?

국내 회사로 전 세계적 브랜드가 된 삼성전자의 사례를 살펴보자. 얼마 전 삼성전자는 자체적으로 개발한 운영체제를 탑재한 스마트폰을 발표했다. 세간에 일명 '바다폰'으로 알려진 'S8500 Wave' 모델이 바로 그것이다. 삼성전자가 바다 OS를 사용해서 만든 이 스마트폰은 엄청난 하드웨어 사양과 기능을 자랑하는 것으로 알려져 있다.

특히, 유기 발광 다이오드(AMOLED) 이후 더욱 발전을 거듭한 디스플레이에 대한 설명이 많다. 업그레이드 된 디스플레이 방식을 삼성에서는 '슈퍼 아몰레드'라고 불렀는데, 그 어떤 휴대폰보다 선명한 화질을 구현한다고 한다. 더구나 해상도가 800×480이어서 720p 동영상 촬영도 가능하다고 하니, 전화기인지 동영상 촬영기인지도 구분하기 어렵다.

그럼에도 두께는 10.9 밀리미터라서 슬림형에 속하고, 디자인도 우수하다고 한다. 터치 방식도 아이폰과 같은 정전식 터치 방식을 채용했다. 역시 삼성다운 최고의 기술력이라고 할 수 있겠다.

빼놓을 수 없는 것은 삼성이 바다폰을 통해 몇 가지 소프트웨어를 선보였는데, 그중 '소셜 허브'라는 프로그램이 눈에 띈다. 이 프로그램은 스마트폰의 주소록으로, 우리가 접할 수 있는 국내외 사이트의 이메일, SNS, 메신저 등 모든 정보를 관리할 수 있다고 한다. 그리고 트위터, 페이스북 등의 업데이트와 이메일 보내고 받기 등 모든 기능을 주소록 기반으로 조작할 수 있다.

하지만 아이폰의 경우를 본다면 대단한 기능이 아니다. 이미 이와 관련한 애플리케이션은 너무나도 많다. 그리고 그 애플리케이션들은 계속 업그레이드 되고 있어서 바다 OS에 기본 탑재되어 있는 프로그램과는 근본적으로 다르다고 할 수 있다. 이 말은 거꾸로 바다 OS에 설치되어 있는 '소셜 허브'라는 프로그램은 애플의 앱스토어와는 상호 호환이 되지 않으므로 더 넓은 시장에서는 사용될 수 없다는 말이다.

결국 이와 같은 현상은 플랫폼의 특성을 몰라서 일어났다고 할 수 있다. 과거에는 휴대폰의 기능과 하드웨어 사양을 잘 만들면 팔리던 시절이 있었다. 하지만 지금은 그런 시대가 아니다. 사양이 아니라, 그 플랫폼 자체가 가지고 있는 개방성과 공동체적 성격이 더 중요하다. 따라서 그 플랫폼을 얼마나 많은 사람이 공유하고 사용하고 있는지는 매우 중요한 요소에 속한다.

애플리케이션의
역할

언어와 같은 애플리케이션

인류의 역사는 플랫폼의 역사와 동일하다고 해도 과언이 아니다. 인류는 플랫폼을 공유하면서 의사소통을 하고 아이디어를 나누어 왔다. 동양에서는 상형문자를, 서양에서는 알파벳을 이용해서 의사소통을 해왔다. 문자라는 플랫폼은 차이가 있었지만, 목적에서는 의사소통을 하고 지식과 문화를 전승하는 수단으로써 동일했던 셈이다. 물론 플랫폼에 따라 적용성과 사용의 용이성은 차이가 있었기 때문에, 문화의 발전 속도와 그 깊이가 달라졌을 것이다. 플랫폼들 사이에는 늘 이런 차이가 있기 마련이다.

애플리케이션도 언어와 다르지 않다. 앞에서 이미 애플리케이션이 플랫폼이라고 이야기했다. 애플리케이션이 가진 플랫폼으로서의 특성을 이해한다면 애플리케이션의 역할에 대해 이야기해볼 수 있다. 쉽게 말해, 애플리케이션이 언어와 같은 역할을 한다는 것이다.

플랫폼으로서의 영어를 생각해보면 쉽게 이해할 수 있다. 영어는 알파벳으로 이루어져 있다. 그리고 그동안 인류는 알파벳을 이용해 수없이 많은 단어를 만들어왔고, 그것을 이용해 사람들 사이에서 의사소통을 해왔다.

이것을 그대로 애플리케이션에 적용할 수 있다. 안드로이드 운영체제를 가진 스마트폰이나 애플의 아이폰은 구매했을 당시 애플리케이션이라고는 기본적인 것밖에 없다. 사용자는 안드로이드 마켓이나 앱스토어에 가입해서 자기에게 맞는 애플리케이션을 찾아 구매하고 설치해야 한다. 내게 맞는 애플리케이션을 찾고 그것을 설치하는 과정이 필요하다. 그래야만 스마트폰이라고 할 수 있다. 그 작업을 마치고 나면 내게 적합한 애플리케이션이 갖춰진 스마트폰을 사용할 수 있다.

이것을 그대로 플랫폼의 특성에 적용해보자. 애플리케이션의 조합에 따라 아이폰의 성격은 달라진다. 사용자는 애플리케이션을 자기의 기호에 맞게 설정하는 것이다. 이것은 마치 영어 단어가 알파벳으로 이루어져 하나의 의미를 만드는 과정과 같다. 즉, 애플리케이션은 각기 조합을 이루어서 그 애플리케이션을 사용하는 앱티즌의 성격, 성향, 그리고 기호의 상징적 의미까지 완성할 수 있다. 결국 어떤 스마트폰도 똑같은 것이 없게 되고 각각의 스마트폰은 독특한 성격을 갖는다. 애플리케이션은 단순한 웹 프로그램이 아니라 플랫폼으로서 언어와 같은 역할을 한다는 말이다. 여기에서 애플리케이션을 활용하는 앱티즌들의 다양한 성향이 도출된다.

집단 지성

우리가 인터넷을 이용해서 일대일 커뮤니케이션을 한 것은 그리 오래되지 않았다. 내가 기억하기로는 처음 일대일 커뮤니케이션이 가능했던 것은 이메일을 이용한 단순한 주고받기였다. 그 뒤 일대일 혹은 일 대 다중의 채팅이 일반화되었다. 그러고 나서 아이러브스쿨이 생겨나 과거의 친구들과 이야기를 나눌 수 있었고, 그 후에는 싸이월드가 등장해서 '일촌'이라는 독특한 개념의 미니홈피가 유행했다.

그 뒤 우리는 '트위터'라는 서비스를 만났다. 그제야 SNS, 즉 소셜 네트워크 서비스라는 이름을 떠올릴 수 있게 되었다. 마지막으로 여기에 기술적으로 가세한 것은 '와이브로(WiBro)'와 '와이파이(Wi-Fi)'다. 다시 말해, 지금까지 말한 컴퓨터 웹 프로그램들이 이동할 수 있는 기술적 토대가 만들어졌다. 이제 우리는 각종 프로그램으로 모여든 지식을 접할 수 있다. 수많은 소셜 네트워킹 서비스가 와이브로와 와이파이를 만나서 시간과 공간의 제약을 허물어버렸기 때문이다. 우리는 그것을 '집단 지성'이라고 불렀다. 네이버에서 집단 지성의 의미를 살펴보았다. "다수의 개체가 서로 협력하거나 경쟁함으로써 발휘한 지적 능력의 결과로 얻은 집단적 능력을 일컫는 용어"라고 설명되어 있었다.

결국 앱티즌은 집단 지성과 매우 밀접한 관계에 있다. 우선 소셜 네트워킹 서비스의 대부분을 애플리케이션을 설치하여 사용하고 있으며, 또 이를 적극적으로 이용해서 커뮤니케이션 하고 사회 활동을 하고 있기 때문이다. 집단 지성의 주체가 앱티즌이라고 하면 가장 적절한 답이 될 수도 있는 것은 바로 이와 같은 IT 환경을 가지고 있기 때문이다.

오래전에 UCC를 제작하는 유저들을 가리켜 '창조 세대'라고 말했다. 그리고 그들이 앞으로 나아갈 세상에서 매우 중요한 자리를 차지할 것이라고 예견했다. 하지만 그것만으로는 항상 뭔가 부족했다. 왜냐하면 'UCC'라는 아이템으로는 회사의 매출이 적극적으로 일어날 수 있는 비즈니스의 가능성이 막혀 있는 경우가 많았다. 그렇기 때문에 제아무리 창조 세대라고 해도 지속적으로 그것이 가능하도록 만들어주는 시스템의 지원이 없었던 셈이다.

하지만 앱티즌은 다르다. 앱티즌은 이미 회사 매출을 신장시키는 역할을 할 수 있는 모집단이 된다. UCC를 만들어내던 창조 세대가 회사에 매출을 가져다줄 수 없는 구조와는 근본적으로 차이가 있다는 말이다. 여기에 이전 네티즌이 사용하던 모든 애플리케이션을 승계하고 비로소 앱티즌은 집단 지성을 뿜어내는 핵심 계층으로 떠오르고 있다.

글로벌 시대의 승부수

이 책을 쓰는 도중 안드로이드폰의 대반격이 시작되었다는 뉴스가 연일 보도되었다. 특히 IT 뉴스를 전문적으로 보도하는 신문과 방송을 비롯해서 이제는 중앙 일간지까지 난리다. 광고 시장도 갑자기 팽창한 모습이다. KT에서 아이폰을 출시하고 난 뒤 불과 며칠 만에 10만 명을 넘어서더니, 2010년이 되면서는 무려 30만 명이라는 신규 가입자가 생겨났다고 한다. 이에 질세라 SKT는 안드로이드폰인 '모토로이'로 대반격을 시작했다는 광고가 온갖 매체에서 들끓고 있다. 그리고 이제는 전 세계 이동 통신 회사와 거대 휴대폰 제조업체들이 애플에 대항해서 합종연횡을 이루고 있다는 뉴스도 보도된다. 서로 협력해야만 지금의 난국을 헤쳐갈 수 있다고 판단한 것 같다.

앱티즌은 새로운 플랫폼을 이용해 지금까지 있었던 모든 애플리케이션을 융합하고 통합해서 자유롭게 이동하고 있기 때문에, 이른바 신흥 권력으로 부상하고 있다. 한국에서만 그런 것이 아니라 전 세계적인 현상이다. 애플과 구글이 앱티즌을 두고 일대 전쟁을 펼쳐야 하는 것은 바로 이와 같은 이유 때문이다. 지구촌의 가장 큰 미디어 제국이 되느냐 마느냐 하는 기로이기 때문이다.

물론 경쟁력에서 보면 차이가 난다. 애플은 깔끔한 하드웨어 디자인과 애플 컴퓨터로 인증된 고성능 하드웨어를 갖추었고, 안드로이드폰은 개방된 구글의 안드로이드 운영체제로 각 나라의 휴대폰 제조사들과 협력해서 싸움에 뛰어들었다. 둘 중에 누가 성공할 것인지를 지켜보는 것은 우리에게는 재미에 속할지 모르나, 이 두 진영을 놓고 본다면 결국 누구는 이기고 누구는 져야 하는 사활을 건 게임이다.

여기에서 생각해보아야 할 것 두 가지가 있다. 먼저 이 글로벌 게임은 시대를 조금만 더 앞당겨 놓았어도 게임 자체가 이루어지지 않았을 가능성이 크다. 다시 말해, 불과 몇 년 전만 하더라도 이와 같은 니즈가 충분하지 않았다는 말이다. 예를 들어, 애플리케이션들이 통합된다거나 혹은 플랫폼으로서의 기능을 한다는 것 자체가 불가능했다. 하지만 시대가 변화했고, 언어와 같은 생명력을 가진 애플리케이션들을 이용해서 커뮤니케이션을 해야 하는 앱티즌이 필요한 시점이 된 것이다. 이 시점을 애플과 구글은 알고 있었다는 말이고, 우리 사회 휴대폰 제조업체들 대부분은 몰랐다는 말이다.

두 번째로 생각해보아야 할 것은, 요즘 미디어에서 연일 구글의 안드로이드폰의 대반격이 시작되었다고 떠들어대고 있지만 사실 다른 나라에서는 이미 한참 전에 시작되었다는 셈이나. 비국에서는 모토로라의 '드로이드'가 등장해서 애플과 한창 전투를 벌이고 있다. 하지만 한반도에서는 이제 상륙작전을 펴고 있다. 마치 한반도에서 처음으로 격돌하는 전쟁처럼 수선을 떨 일이 아니다.

앱티즌
10가지 스타일

* * * * * * * * * *

보이지 않는 것을
믿는다

앱스토어란

앱스토어(App Store)라는 말은 아이폰이 출시되고 나서 곧바로 등장한 단어다. 매우 생소했다. 앱(app)이라는 말과 스토어(store)라는 말이 결합되어 만들어진 단어인데, 처음 듣는 단어라서 유저들은 무슨 서비스인가 했을 법도 하다.

앱스토어를 위키피디아에서 검색하면 다음과 같은 설명이 나온다. 애플이 운영하고 있는 아이폰 및 아이팟 터치용 응용 소프트웨어 다운로드 서비스이며, 아이폰 3G가 발표될 즈음인 2008년 7월 10일부터 아이튠즈의 업데이트 형태로 서비스가 시작되었다고 전해진다.

앱스토어는 개인용 컴퓨터에서 아이튠즈를 이용하거나 아이폰 및 아이팟 터치의 메뉴에서 직접 3G 네트워크 혹은 와이파이를 경유하여 소프트웨어를 다운로드 할 수 있다. 다운로드 받을 수 있는 소프트웨어는 유료 및 무료가 있으며, 무료 애플리케이션을 다운로드 할 때도 아이튠즈 스토어의 계정이 필요하다. 그러나 계정을 만들려면 반드시 신용카드 정보를 입력해야 한다. 그러지 않으면 계정 설정이 불가능하기 때문이다.

결국 아이폰 사용자들이 앱스토어 계정을 만들면 앱스토어에서 자기에게 필요한 애플리케이션을 다운로드 할 수 있다. 다운로드는 웹사이트에서도 할 수 있지만 아이폰에서도 가능하다. 처음에는 웹사이트에서 가입하고 아이폰에서 앱스토어를 보며 구매한다는 것이 무척 신기해 보인다. 하지만 이와 같은 절차를 거치고 나면 수없이 많은 애플리케이션은 모두 내 것이 될 수 있다.

그런데 이미 '앱스토어'라는 단어는 애플리케이션을 구매할 수 있는 서비스의 대명사가 된 듯한 분위기다. 분명 아이폰을 위한 애플리케이션 다운로드 서비스임에도 많은 경우 두루 쓰이고 있다.

2010년 현재 시점으로 본다면 앱스토어라고 말할 때는 2008년 개설한 애플의 애플리케이션 공유 및 판매 시장이라고 말하면 맞다. 또 이와 비슷한 개념을 이야기하는 대명사로 사용하는 것도 맞다. 하지만 2009년 10월에는 네이트에서도 앱스토어 서비스를 시작했다고 알려져 있다.

애플과 다른 점은 애플의 엡스토어가 아이폰과 아이팟 터치와 같은 모바일 단말기를 위한 애플리케이션을 공유하고 판매할 수 있는 서비스인 데 반해, 네이트의 앱스토어에서 다루는 것은 일반 컴퓨터용 애플리케이션이라는 점이다. 또 애플의 앱스토어는 아이폰과 아이팟 터치 이용자를 대상으로 하지만, 네이트의 앱스토어는 네이트 회원만을 위한 서비스다.

앱스토어의 현황

애플 앱스토어의 경우를 본다면, 애플리케이션의 숫자는 계속 늘어나고 있다. 정확하지는 않지만 2010년 1월 기준으로 애플리케이션 14만 5000여 개가 등록되었다고 알려져 있다. 스티브 잡스가 1월 27일에 아이패드를 발표할 당시만 해도 애플리케이션은 14만 개 정도라고 이야기했고, 30억 개의 프로그램이 다운로드되었다고 언급한 적이 있다. 그런데 최근 애플리케이션을 분석하는 회사인 디스티모가 애플 앱스토어의 애플리케이션은 이미 15만 개를 넘어섰다고 발표했다. 이것은 한 달 만에 1만여 개의 애플리케이션이 증가했다는 말이다.

물론 이 숫자는 점차 증가할 것이라고 생각된다. 왜냐하면 애플리케이션을 개발하는 것이 고난도 프로그램 개발 능력을 요구하는 것이 아니기 때문이라는 점이 그렇고, 이미 애플의 앱스토어는 플랫폼이 가져야 할 요소인 개방성과 공동체적 성격을 확보한 상태이므로 범지구적 확산을 코앞에 두고 있다고 봐도 과언이 아니기 때문이다.

반면 구글의 안드로이드 운영체제의 애플리케이션 구매 사이트에는 현재 애플리케이션 2만여 개가 등록되어 있다. 흥미로운 것은 아이폰을 사용하는 사람들이 다운로드 한 애플리케이션 중에서 25퍼센트만이 무료 애플리케이션이고, 나머지 75퍼센트가 유료 애플리케이션이라고 한다. 반면 안드로이드 마켓에서 애플리케이션이 판매되는 현황을 보면 애플리케이션 다운로드의 60퍼센트 정도가 무료 애플리케이션이라고 한다.

결국 데이터 분석으로만 본다면, 애플리케이션 시장은 아이폰의 앱스토어로 많이 기울어져 있음을 확인할 수 있다. 하지만 플러리(Flurry)의 분석에 따르면, 아이폰 애플리케이션은 매달 14퍼센트씩 증가하고 구글 안드로이드 애플리케이션은 매달 50퍼센트씩 증가하는 것으로 조사되어, 애플과 구글의 경쟁 구도는 당분간 계속될 듯하다.

독특한 애플리케이션 구매 패턴

아이폰이나 안드로이드폰을 이용하는 사람들, 즉 애플리케이션을 활용하여 커뮤니케이션을 하는 앱티즌들은 애플리케이션을 구매할 때 매우 독특한 구매 패턴을 보인다. 다시 말해, 유료 애플리케이션의 경우에는 0.99달러부터 비싼 것은 5.99달러 이상, 어떤 것은 20달러 이상 가격이 나가는 애플리케이션도 상당히 존재한다. 0.99달러 정도라면 우리 돈으로 환산했을 때 1000원을 조금 넘는다. 이런 경우에는 애플리케이션을 구매하는 것이 그다지 부담스럽지는 않다고 볼 수 있다. 하지만 우리 돈으로 8000원 이상 혹은 1만 원 이상인 애플리케이션도 상당히 많은데, 이런 경우에는 부담이 된다. 또 구매하는 것이 손에 만질 수 있는 물건이 아니고 물리적 공간을 차지하는 것도 아니기 때문에 1만 원 이상 하는 애플리케이션을 구매한다는 것은 쉬운 일이 아니다.

실제 이 가격의 상품이라고 한다면 인터넷 서점의 도서를 생각해볼 수 있다. 도서의 경우 할인율을 적용해서 1만 원 미만의 상품이 많다. 그런데 이렇게 도서를 구매할 때 우리는 신중에 신중을 기해서 구매하는 것이 보통이다. 책을 구매한 사람들의 평가를 읽어보는 것은 기본이고, 다른 웹사이트에도 들어가서 혹시 다른 점은 없는지 확인하기도 한다. 하다못해 오프라인 매장에서 살펴본 뒤에 온라인 서점에서 구매하는 경우도 많다.

하지만 스마트폰에서 애플리케이션을 구매할 때는 경우가 다르다. 보통 애플리케이션을 구매할 때는 프로그램 공급자가 올려놓은 글을 읽는다. 그런데 그 글의 양이 그렇게 많지 않다. 그리고 화면 예시라고 해서 4~5개 정도의 스냅숏이 올려져 있다. 마지막으로, 구매한 사람들의 만족도를 나타내는 별 표시 정도가 고작이다. 스마트폰 사용자들은 이러한 상황에서 애플리케이션을 구매할 것인가 말 것인가 결정을 내려야 한다. 재미있는 것은 스마트폰 사용자들은 이러한 경우 대부분 구매를 결정한다. 다른 곳에서는 신중을 기해 물건을 구매하지만 스마트폰에서 구매를 할 때는 그렇게까지 신중을 기하는 경우가 없다. 마음에 들면 일단 저지르고 보는 경우가 많다.

내 경우를 보더라도 80여 개 가까운 애플리케이션 중에서 50여 개를 유료로 구매했지만, 유료 애플리케이션을 구매하면서 크게 고민하지 않았던 것 같다. 또 이 구매 행위를 하면서 주변 사람들에게 이 애플리케이션이 좋으냐 혹은 나쁘냐를 물어본 적도 없다. 나 스스로 판단해서 구매했을 뿐이다.

물론 이렇게 할 수 있는 것은 우리가 앱스토어에 가입하면서 신용카드 정보를 미리 입력해두어 일일이 번거로운 절차를 거치지 않아도 되기 때문에 가능한 일인지도 모른다. 실제로는 구매하는 행위이지만, 심리적으로는 구매 행위 느끼지 못한다는 말이다. 여기서 앱티즌의 중요한 행동 패턴을 살펴볼 수 있다.

앱티즌, 보이지 않는 것을 믿는다

앱티즌의 첫 번째 스타일은 보이지 않는 것을 믿는다는 점이다. 앱티즌들이 애플리케이션을 구매하는 경우를 보면 대충 읽어보고 고르는 경우가 대부분이다. 애플리케이션 소개 글도 적은 데다가 애플리케이션을 직접 활용해보고 구매할 수 있는 방식도 아니다. 결국 앱티즌은 보지 않고 구매해야 한다. 그리고 구매를 하고 나면 반품할 기회도 없다. 그럼에도 많은 앱티즌이 애플리케이션을 열심히 구매한다. 아마도 이 책이 출간되고 서점에서 구매할 수 있을 때가 되면 프로그램 다운로드 횟수가 30억 개가 아니라, 40억 개를 넘을지도 모를 일이다.

이와 같은 현상을 아무렇지도 않게 생각하는 것은 큰 오류다. 왜냐하면 그동안 네티즌들이 웹사이트에서 보여준 구매 패턴이나 오프라인에서 볼 수 있었던 구매 패턴과는 완전히 다른 모습이기 때문이다. 앱티즌들은 이렇게 뭔가 다르다.

그런데 앱티즌들은 애플리케이션을 구매하는 것뿐만 아니라,

다른 애플리케이션을 활용할 때도 보이지 않는 것을 믿는다. 트위터로 메시지를 주고받는다고 가정해보자. 내가 상대방에게 무엇인가 전달하고 나면 그들은 그 내용이 진짜인지 가짜인지 검증하는 단계를 거치지 않고 쉽게 믿어버리는 경우가 많다. 물론 이것은 트위터에서 내가 그 사람을 믿겠다고 결정했기 때문에 가능한 것일 수도 있다. 하지만 생각해보면 이것도 그동안 우리가 일상생활에서 보여준 신뢰와는 다르다는 것을 보여준다.

물론 이런 것은 모두 스마트폰을 통해 연출되고 인식되는 가상공간이 마치 실제 공간과 같은 느낌을 전달해주기 때문에 가능한 일이다. 실제로 그렇다. 아이폰의 경우, 지도에서 현재 위치를 찾을 수 있고 내가 가고자 하는 곳을 검색해서 길을 안내받을 수도 있다. 이럴 때는 마치 내가 지도 위에 존재하는 점과 같은 느낌이 든다. 내가 걸어가는 방향을 바꾸면 아이폰에 있는 지도에서도 방향이 바뀐다. 마치 가상현실과 현실이 뒤섞인 것 같다. 결국 이런 일들이 우리가 스마트폰에서 접하는 모든 것을 쉽게 믿도록 한다고 느껴진다.

빠른
커뮤니케이션을 한다

커뮤니케이션

커뮤니케이션은 우리말로 바꾸면 '의사소통(意思疏通)'이라는 말로 번역되는 것이 보통이다. 소통이 된다는 말인데, 무엇이 소통되는 것인지에 대해서는 기의냐 혹은 기표냐에 대한 수없이 많은 물음이 의사소통학에서 제기되어왔다.

처음 커뮤니케이션이 등장했을 때는 대중에게 일방적으로 전달하는 것을 중심으로 이루어졌다. 성균관대학교 김정탁 교수에 따르면, 제1차세계대전에서 연합국이 독일의 후방을 교란하려고 사용한 팸플릿의 효과, 에스파냐와 전쟁을 일으키도록 한 퓰리처와 허스트 계열 신문 간의 치열한 판매 경쟁으로 생겨난 언론의 영향력 등이 초기 커뮤니케이션의 형태를 보여준다고 한다. 결국 이렇게 시작된 커뮤니케이션은 미국에서 '다중의사소통학'으로, 독일에서는 '공시학'으로 발전했다고 알려져 있다.

하지만 커뮤니케이션 영역은 통신 기술의 발달에 따라 그 대상이 대중에서 개인으로 이동하고 이른바 다중 커뮤니케이션이 일어나는 현상을 맞이한다. 이는 세계화에서 개인화 과정이 발현되는 시점과 동일하게 일어난다. 많은 사람이 스스로 커뮤니케이션을 하게 됨으로써, 개인과 개인이 상호 커뮤니케이션 하는 세상이 열린 셈이다. 이러한 일이 오래전부터 있었던 것으로 생각하기 쉽지만, 사실 이와 같은 현상이 생겨난 것은 그다지 오래된 일이 아니다.

앱티즌은 커뮤니케이션 입장에서 본다면 최고의 경지에 이른 사람들이라고 할 수 있다. 과거에는 무언가 보내고 답변을 받기까지 많은 시간이 경과했지만, 지금은 거의 실시간으로 보내고 확인할 수 있는 상황이 만들어졌기 때문이다. 스마트폰 영역에서는 텍스트뿐만이 아니다. 동영상을 편집해서 보내는 것도 바로 그 자리에서 할 수 있고, 사진과 음악을 전송하는 것도 어렵지 않은 일이 되었다.

점차 빨라지는 커뮤니케이션

앱티즌의 성향은 매우 빠른 커뮤니케이션을 한다는 점이다. 사실,

매우 빠른 커뮤니케이션이라고 하는 것이 생소하지 않을 수도 있다. 왜냐하면 우리는 이미 웹사이트를 이용하면서 덧글을 이용하고 있어서 짧은 글이라고 하는 것이 익숙할 수 있다.

하지만 스마트폰의 애플리케이션을 이용하는 사람들은 이미 블로그의 인터페이스와 미니홈피의 '일촌맺기' 기능, 메신저 기능을 한데 모아놓은 소셜 네트워크 서비스로서 2006년에 개설된 '트위터'라는 서비스에 익숙해져 있다. 트위터는 처음에는 웹사이트에서 이용할 수 있는 프로그램이었지만, 지금은 스마트폰에서도 언제든지 이용할 수 있는 서비스가 되었다. 그리고 스마트폰의 애플리케이션 중에 대표적인 애플리케이션이라고 할 수 있다. 주목할 만한 것은 트위터가 빠른 커뮤니케이션을 가능하게 만들었다는 점이다. 쉽게 말해, 트위터는 겨우 140자만 보낼 수 있다. 만약 글자를 더 보내고 싶다면 새로운 창에서 새롭게 입력해야 한다. 상황이 이렇다 보니, 가장 짧게 의사 표현을 할 수 있는 언어를 만들어내는 것은 물론이고, 이를 해석할 수 있는 능력을 갖추는 것도 앱티즌의 에티켓으로 통한다.

결국 트위터는 140자라는 제한을 가졌음에도 언제 어디서나 정보를 보낼 수 있다는 장점이 있다고 인식된다. 과거 전통적인 미디어 우월주의의 시각으로 본다면 트위터는 보잘것없는 말장난에 불과하다고 할지 모른다. 하지만 트위터는 이미 미국의 실시간 위성방송인 CNN이 방송하지 못하는 영역에서도 뉴스 전송이 가능하므로, 새로운 '정보 유통망'으로 부각되고 있다. 미디어 분야에서만 활약하는 것이 아니다. 각 나라의 기업들도 트위터를 이용해 제품을 홍보하고 있거나 홍보하려고 모색 중이다. 심지어 고객 센터를 트위터를 이용해서 운영하는 회사도 있다고 전해진다. 그리고 유명 연예인들도 트위터에 가입해서 팬들과 대화를 할 정도라고 하니 트위터의 인기는 날로 높아져 가는 듯하다.

사실, 빨라지고 있는 커뮤니케이션이 늘 새로운 것만은 아니다. 왜냐하면 과거에도 '삐삐'가 있었고 휴대폰으로 보낼 수 있는 문자 메시지도 있었기 때문이다. 하지만 우리가 주목할 것은 더욱 빨라지는 속도와 짧은 문장임에도 웬만한 미디어에 쉽게 대항하고 있다는 점이다. 그래서 일부 방송 미디어 업계의 전통적인 입장을 고수하는 학자들은 트위터의 인기가 아무리 올라가고 있어도, 기존 미디어의 세력에 대항할 수 없을 것이라고 단정해버린다. 그러나 상황은 계속 변화하고 있는 듯하다.

전화의 사용 빈도가 줄어든다

사실, 스마트폰은 전화기다. 스마트폰 이전에도 제조사에서는 많은 애플리케이션을 담아 사용자들에게 제공했다. 물론 이때는 사용자가 원하는 애플리케이션을 설치하는 것이 매우 힘든 일이었다. 불과 몇 개의 애플리케이션과 프로그램을 이용하는 것이 고작이었고, 폐쇄형 인터넷을 이용해 비싼 요금을 내가며 아이템을 다운로드 받아 사용했다.

하지만 요즘 스마트폰은 다르다. 애플리케이션이 많다 보니 전화를 거는 기능 자체도 애플리케이션처럼 만들어졌다. 이것은 스마트폰에서 중요한 변화라고 할 수 있다. 전화를 거는 기능이 애플리케이션처럼 구성되어 있으니, 전화를 거는 것과 문자 메시지를 전송 하는 애플리케이션은 중요도와 빈도에서 별반 차이가 없다. 다른 애플리케이션과 동일한 위치에 있는 것처럼 인식된다. 마치 전화를 거는 기능이 주된 기능이 아니라 부가 기능처럼 느껴진다는 말이다.

이것은 커뮤니케이션이 점차 빨라지는 데서 그 원인을 발견할 수 있다. 커뮤니케이션이 점차 빨라지므로 굳이 전화를 걸어 일일이 설명하는 번거로움을 피할 수 있다. 예를 들어, 아는 사람과 식사 약속을 정하는 것은 문자 두세 번만 주고받으면 성사된다. 굳이 전화를 걸어 일일이 물어볼 필요가 없다. 또한 정보를 보낼 수 있는 채널이 너무나도 많다. 간단하게는 문자 메시지로도 충분히 전달하고자 하는 정보를 보낼 수 있다. 문자 메시지가 아니더라도 트위터와 같은 SNS를 이용할 수도 있다. 또 좀 더 긴 내용은 스마트폰에서 이메일을 보내면 된다. 그러므로 스마트폰에서 전화는 그렇게 중요한 요소가 아닌 셈이다.

따라서 앱티즌들은 과거와 다른 커뮤니케이션 방식을 가지고 있다고 할 수 있다. 더욱 짧은 커뮤니케이션이 가능한 플랫폼 안에서 앱티즌들은 서로 짧은 커뮤니케이션을 하고, 시간을 절약해서 다른 일을 할 수 있게 되었다.

빨라지는 커뮤니케이션은 지식의 깊이를 매우 얕게 만들어버리는 속성을 가지고 있다. 짧게 전달해야 하므로 전달하는 정보 혹은 지식의 깊이는 얕을 수밖에 없다. 더 확장해서 생각해본다면 책을 읽지 않는 문화도 짧아지는 커뮤니케이션에서 근거를 찾을 수 있다. 책과 같은 경우는 짧은 커뮤니케이션으로는 전달할 수 없는 내용인데, 우리가 늘 접하는 정보, 그리고 전달하는 정보는 언제나 짧다. 그러므로 정보의 양이 너무 많아서 정보를 얻는 데 투자해야 하는 시간이 너무 많은 것은 피하려는 경향이 우리의 속성이 되어버린 셈이다.

의사소통으로
자아실현을 한다

스마트폰으로 하루를 산다

스마트폰을 사용하는 앱티즌을 보면 스마트폰을 하루 종일 손에 쥐고 있는 경우가 대부분이다. 아침에 일어나서 밤에 잠자는 시간까지 스마트폰이 하루를 함께하는 셈이다. 심지어 잠자는 시간에도 바로 옆에서 무언가 수행하는 경우가 많다. 운전을 할 때도 길을 안내해주거나 막히는 길을 알려준다. 실시간으로 친구나 직장 동료, 거래처 사람과 커뮤니케이션을 할 수 있게 해주는 것도 스마트폰이다.

이렇게 본다면 스마트폰 중독이 아니냐는 이야기가 나올 수도 있다. 머지않아 미디어에서는 스마트폰의 부작용이라며 좋지 않은 사례 몇 가지를 설명할지도 모른다. 과거 네티즌의 경우를 생각해보면 된다. 인터넷의 부작용으로는 악성 덧글을 사례로 드는 경우가 많았다. 악성 덧글로 말미암아 유명 연예인이 자살하는 사태를 만들었기 때문이다. 또 다른 부작용으로는 게임 중독으로 성격 장애까지 발생하는 사례가 거론되었다.

결국 스마트폰의 경우에도 분명 좋지 않은 몇 가지 성향은 스마트폰의 부작용 혹은 애플리케이션의 부작용이라고 하여 언급될 소지가 있다. 이것은 어쩌면 인터넷 사용자들보다도 더 심각할 수 있다. 왜냐하면 인터넷은 하루 이용 시간이 그렇게 많지 않다. 컴퓨터로 일하는 사람들의 경우에도 하루 인터넷 이용 시간은 불과 2시간 남짓으로 조사된다. 인터넷이 시간과 장소의 제약이 없다고는 하지만 실제로는 제약이 따른다. 인터넷이 되는 장소에 가야 하기 때문에 장소적 제약이 있고, 따라서 시간의 제약이 발생한다.

하지만 애플리케이션은 다르다. 애플리케이션 이용자들은 하루 종일 애플리케이션으로 생활하는 경우가 적지 않기 때문이다. 또 애플리케이션은 장소적 제한을 받지 않는다. 와이파이를 이용하는 경우라면 장소적 제약이 있다고 할 수 있겠지만, 스마트폰의 경우 그 지역을 벗어나고 나면 곧바로 3G 서비스가 가동하므로 어디에서든지 시간과 장소의 제약을 받지 않는다.

그렇다면 우리는 왜 애플리케이션을 하루 종일 이용하는 것일까? 단지 단말기가 좋거나 애플리케이션이 편리하고 마음에 들기 때문일까?

새로운 의사소통 패러다임

우리가 하루 종일 스마트폰을 이용하고 있는 현상을 과연 어떻게 받아들이고 이해해야 할까? 커뮤니케이션에서 그 해답을 찾아보자. 우리가 늘 하고 있는 의사소통에 대해서는 특별히 의식하고 행동하지 않는다. 하지만 의사소통에 대해 인식해야 할 것이 있다. 바로 의사소통과 의사소통 매체가 모두 인간과 사회를 분석하는 데 매우 중요하다는 점이다. 한마디로 의사소통은 인간에게서 분리할 수 없는 것이다.

의사소통을 연구하는 학자들은 오래전부터 인간을 이해하는 데서 노동보다 더 중요한 개념으로 의사소통을 꼽았다. 인간이 가장 인간다울 수 있도록 핵심적인 역할을 제공하는 것이 의사소통이라는 말이다. 그래서 아리스토텔레스도 수사학을 통해 로고스(logos), 파토스(pathos), 에토스(ethos)를 강조했던 것이다.

물론 이러한 의견에 반대 의견이 없는 것은 아니다. 근대 합리성을 만들었다고 하는 마르크스와 베버는 의사소통보다는 비의사소통적인 것이 중요하다고 했다. 특히 마르크스는 계급투쟁을 통해 인간이 해방된다는 이론을 펼쳤다.

하지만 사람은 교육을 통해 인격을 형성하고 주변 사람들과 소통함으로써 자신의 모습을 만들어가는 존재다. 그리고 배우는 과정 역시 커뮤니케이션 과정의 일부로 이해한다면 의사소통이 사람의 인격을 형성하는 데 얼마나 중요한지 알 수 있다.

19세기에는 외부와 적극적으로 커뮤니케이션 할 기회가 매우 적었기 때문에 철학의 화두는 항상 '이성'이었다. 하지만 20세기에 들어오면서 철학의 화두는 '언어'가 되었다. 근대 철학의 핵심이라고 볼 수 있는 현상학이나 실존주의, 비판이론, 구조주의 등 20세기에 화두가 되었던 철학은 모두 언어와 상징체계를 중요하게 생각했다. 그리고 이 언어와 상징체계는 의사소통에서 매우 중요한 요소임에 틀림없다.

그중 하버마스와 보드리야르는 나름대로 독창적인 의사소통 이론을 발전시켰는데, 당시 커뮤니케이션 매체가 일방향적으로 진행되는 상황이었음에도 쌍방향적이고 탈중심화된 신매체를 통해 인간이 자유로운 주체가 되어야 한다고 역설했다. 쉽게 말해, 지금의 앱티즌과 같은 자유롭고 쌍방향적인 커뮤니케이션이 가능해야만 제대로 된 커뮤니케이션이라는 말이다.

결론적으로, 인간에게서 의사소통은 매우 중요한 요소다. 인간이 인간다울 수 있는 것은 의사소통이 있기 때문이다. 그리고 이 의사소통은 일방향적인 것이 아니라, 쌍방향적이고 자유로우며 탈중심화된 것이어야 하다. 인간은 그것을 추구해야만 더 인간다운 존재가 될 수 있다.

그러면 앱티즌이 왜 그토록 스마트폰이라는 도구에 열중하고 집중하는지 설명할 수 있다. 앱티즌은 커뮤니케이션을 통해 인간다움을 찾는 자아실현을 한다고 말할 수 있다. 실제 앱티즌은 하버마스와 보드리야르가 이야기한 것처럼 쌍방향적이고 탈중심화된 커뮤니케이션을 하고 있는 것이 분명해 보인다. 그러므로 그러한 커뮤니케이션의 수단인 스마트폰이 중요한 도구가 되는 것이다.

유기적 연대성을
가진다

기계적 연대성과 유기적 연대성

앱티즌을 이해하려면 커뮤니케이션과 관련한 이론적 배경과 철학을 살펴볼 필요가 있다. 단순히 보면 우리는 그저 잘 개발된 스마트폰을 사용하고 거기에 맞는 애플리케이션을 이용하는 것뿐이지만, 이러한 모든 행위가 탄탄한 이론적 배경을 가지고 있다는 사실은 실로 놀랍다.

프랑스의 사회학자이자 교육자인 뒤르켕은 과거 농경사회에서 나타나는 혈연과 지연 중심의 특성을 '기계적 연대성(mechanical solidarity)'이라고 불렀다. 그런데 산업혁명이 일어나고 도시를 중심으로 산업이 발달함에 따라 인구의 집중화 현상이 일어난다. 이러한 상태에서는 더 이상 기계적 연대성에 근거한 혈연 혹은 지연 중심의 사회를 유지할 수 없다.

이러한 상황에서 나타난 특성을 뒤르켕은 '유기적 연대성(organic solidarity)'이라고 불렀다. 유기적 연대성이 이루어지려면 자유로운 의사소통이 전제되어야 한다고 강조했는데, 일종의 사회를 발달한 유기체의 의사소통이라고 본 셈이다. 그리고 유기적 연대성을 갖춘 사회만이 궁극적으로 인간이 추구할 사회 모델이라고 했다.

그런데 한 가지 문제가 있었다. 뒤르켕의 생각대로라면 기계적 연대성을 대체해 유기적 연대성이 대안이 되어야 하지만, 산업혁명에서 발전한 사회의 모습은 기계적 연대성을 갖춘 것도 아니면서 유기적 연대성을 갖춘 사회도 아니게 된 것이다. 그는 이 중간 단계를 바로 '대중사회'라고 불렀다. 개인의 개성은 파괴되어 있고 오로지 대중문화에 의해 제약과 통제를 받는 것이 대중사회의 모습이다. 물론 대중사회에서는 매스미디어만이 의미가 있다. 얼마나 빠르게 대중에게 메시지를 전달할 것인가가 가장 중요한 일이기 때문이다.

한 가지 생각해볼 것은, 뒤르켕이 대중사회를 일시적으로 나타나는 현상이라고 정의했다는 점이다. 대중사회는 기계적 연대성에서 유기적 연대성으로 넘어가는 중간 단계의 역할을 할 뿐이지, 그것이 궁극적 모델이 될 수 없다는 말이다. 실제로 요즘에는 대중사회라는 말을 잘 쓰지 않는다. 뒤르켕의 말대로 이미 대중사회가 지나갔기 때문이라고 볼 수 있겠다.

대중사회에서는 유대감이란 존재하지 않는다. 그리고 대중매체를 통해 전달받는 메시지에 대해 민감하게 반응할 수밖에 없다. 다행스러운 것은, 대중매체가 지배하는 대중사회의 생명이 그리 길지 않았다는 점이다. 또 그렇게 예견되기도 했다. 결국 인간이 궁극적으로 만들어야 할 사회는 유기적 연대성을 가진 사회다. 이제 유기적 연대성과 앱티즌이 어떻게 연결되는지 생각해보자.

유기적 연대성을 가진 앱티즌

앱티즌은 어떤 사회 모델을 추구할까? 앱티즌은, 뒤르켕이 주장하는 것처럼 자유로운 대화가 가능한 커뮤니케이션을 기반으로 유기적 연대성을 가진 사회를 추구한다고 이해할 수 있다. 왜냐하면 유기적 연대성을 가진 사회의 기본 요소가 자유로운 의사소통이기 때문이다.

이 유기적 연대성은 스마트폰을 일주일가량 사용해보면 금방 알 수 있다. 이들은 일종의 커뮤니티처럼 행동하고 의사 표현을 하는 경우가 대부분이다. 예를 들어, 노무현 전 대통령이 서거했을 때를 생각해보자. 그때는 트위터를 통해 매 시간마다 노무현 전 대통령 서거 뉴스가 이어졌다. 그리고 그 뉴스는 기존 미디어의 영역을 넘어서서 그들만의 세상에 대한 뉴스를 전파하기도 한다. 일종의 커뮤니티적 성격이 강하다. 커뮤니티적 성격이 강하다는 것은 그들이 사용하는 독특한 언어를 보더라도 알 수 있다. 분명히 한글이기는 하지만 비사용자들은 알 수 없는 내용을 담고 있는데, 이것 또한 커뮤니티적 성격이 드러나는 요소라고 볼 수 있다.

이 모든 현상은 앱티즌이 복합 매체인 스마트폰을 가지고 있기 때문에 일어났다. 실제 20세기로 접어들었을 때 인류가 접할 수 있었던 대중매체는 매우 제한적이었다. 그때는 전송 수단으로서 인쇄, 표현 수단으로서 신문·잡지·책이 존재했다. 그 후 오랜 시간이 지난 후에야 방송이라는 전송 수단이 등장했다. 이때는 대중사회가 무르익어 갈 무렵으로, 사람들은 미디어가 내놓는 의견을 일방적으로 수용하는 입장이었다.

하지만 통신 기술의 발달로 지금 앱티즌에 이르러서는 모든 것을 영위할 수 있는 시대가 형성되었다. 앱티즌들은 일방적으로 의견을 수용하는 입장에서 벗어나 같은 사안에 대해 다른 집단과 다르게 반응하는 경우가 많다. 하지만 앱티즌들끼리는 동일하게 반응하는 경우가 많다. 각 개인이 움직이고 나름대로 개성에 따라 유기적 반응을 하고 있으나 그것 역시 동일한 커뮤니티 코드 위에서 전략적으로 선택해서 움직이고 있기 때문이다.

실제로 앱티즌을 유기적 연대성을 가진 존재라고 인식하면 그동안 풀리지 않았던 여러 가지 문제를 풀 수 있다. 과거에는, 단순히 '디지털 세대' 혹은 '넷세대'라고 불리던 집단이 왜 한 방향으로만 움직이려고 하는지, 그리고 그들끼리 왜 친밀감을 느끼는지에 대해 풀어낼 수가 없었다. 단지 그들이 속한 연령대 혹은 사회적 지위로 그것을 풀어보려고 했을 뿐이다. 하지만 애플리케이션을 사용하는 앱티즌이 유기적 연대성을 가지고 있다는 것을 전제로 한다면 많은 의문이 풀린다. 그 비밀이 바로 유기적 연대성에 있었기 때문이다.

통합하고
활용한다

통합과 융합

사람들은 요즘 시대를 통합과 융합의 시대라고 한다. 그래서 서점에서도 통합과 융합 관련한 책들은 계속 증가하는 추세다. 인문학과 과학을 통합해서 문제를 해결하고자 접근하는 책이 있는가 하면, 경제학에서도 복잡한 문제를 해결하고자 다른 학문과 융합을 시도하는 경우가 적잖다. 또 대표적으로 심리학 분야는 다른 분야의 학문들과 매우 밀접하게 융합하고 통합하기도 한다. 이미 학문과 학문을 전달하는 도서 시장에서는 융합과 통합이라는 말이 전혀 낯설지 않다. 그리고 대학에서도 '융합학과'라는 것을 신설하고 있는 것을 보면 그 추세가 과연 얼마나 급작스럽게 돌아가는 상황인지 짐작할 수 있을 것이다. 이제는 학문에서뿐만 아니라 제도 권 교육에서도 이 문제를 적극적으로 다루겠다는 것으로 이해할 수 있겠다.

통합과 융합의 시대가 성큼 다가와 우리 앞에 놓인 현실이 잘 이해되지 않는 독자들도 있을 것 같다. 하지만 요즘 우리가 살아가는 현실과 상황은 많은 부분에서 통합적 지식을 필요로 한다. 단순히 우리가 회사에서 접하는 문제들을 살펴보자. 과거에는 한 부서에서 전략적으로 결정하면 되는 일이 많았지만, 지금은 각 부서의 책임자를 불러 일일이 확인해야 하는 일이 많다. 하나의 프로젝트를 완성하려면 재무 담당, 마케팅 담당, 품질관리 담당 등 수없이 많은 담당자가 관여해야만 한다. 회사의 경우만 그런 것이 아니다. 하다못해 자녀를 해외에 유학 보내야 하는 경우에도 그 나라에 대한 기본 상식에서부터 국제적인 경제의 흐름도 알아야 제대로 나라를 고를 수 있다. 통합은 먼 곳에 있는 것이 아니라는 말이다.

물론 이렇게 보면 통합이라는 문제는 신경을 쓰면 해결될 뿐 어려운 문제는 아니라고 인식할 수도 있다. 하지만 통합은 그리 쉬운 문제가 아니다. 통합은 학문과 학문, 문화와 문화, 작게는 지식과 지식 간에 상호 연결 가능해야 하기 때문이다. 그래서 지금까지 통합이라는 문제는 적잖이 어려웠고, 뚜렷한 결과물이나 해결책이 나오지도 못했다.

통합을 이루려면 '인터페이스'의 문제를 어떻게 해결하느냐가 매우 중요하다는 것이 인식되었을 뿐이다. 이 인터페이스라는 말은 오늘날 우리에게는 익숙한 단어이지만, 이 말이 없었을 당시에는 설명하기 어려운 단어에 속했다. 결론적으로 본다면 통합에 대한 대세는 인터페이스의 통합이다. 인터페이스가 통일되어야만 가능한 일이라는 말이다.

애플리케이션의 통합

앞서 애플리케이션이 왜 통합과 융합의 본질에 부합하는 물성(物性)을 가진 것인지에 대해 알아보았다. 이 문제를 다시 살펴보자. 우리가 이미 알고 있는 인터넷의 커뮤니케이션 웹사이트들, 가령 우리 사회에서 초기에 유행했던 커뮤니티 사이트, 블로그와 미니홈피와 같은 서비스, 그리고 전 세계적으로 잘 알려진 페이스북·유튜브·트위터 등 웹 2.0 기반의 SNS와 검색엔진으로 인식되는 수많은 포털사이트들은 지금 스마트폰에서 사용하는 애플리케이션의 범주에 모두 포함된다.

이러한 웹사이트와 서비스들은 모두 컴퓨터를 켜서 인터넷에 접속하고 그 웹사이트에 로그인을 해야만 이용할 수 있는 서비스였다. 따라서 컴퓨터를 사용하는 데 별로 익숙하지 않은 사람들은 이용하기를 꺼리는 경향도 있었다. 또 항상 인터넷을 이용하는 것이 사실상 불가능한 상황이었던 사람들은 이런 서비스에 접속하는 것 자체가 어려웠다. 회사에 다니는 직장인이라도 웹사이트에 항상 접속해 있는 것은 아니다. 회사에서 근무하면서 커뮤니케이션 사이트에 접속하는 것은 매우 어려운 일이기 때문이다. 결국 커뮤니케이션을 하는 데 외부로부터 시간적 제약을 받는 상황이 벌어졌다. 인터넷이 날개를 단 것처럼 자유로운 것 같지만, 자유롭지 못한 상황이 되는 것도 이러한 배경이 있다.

하지만 이 모든 웹사이트가 애플리케이션으로 만들어지고 스마트폰 하나로 통합되면서 조금은 다른 국면을 맞이한다. 우선 웹사이트에 방문하고 로그인 하는 것처럼 번거로운 작업이 없어졌다. 트위터나 유튜브 등 대부분의 사이트는 한 번 로그인 정보를 스마트폰에 저장해두면 스마트폰을 잃어버리지 않는 한 자유롭게 접속할 수 있다. 그리고 스마트폰의 본질적인 특성상 어디든지 가지고 다닐 수 있다. 이메일을 수신하는 것도 마찬가지다. 스마트폰에서는 구글의 이메일을 비롯해서 국내 포털사이트의 이메일 서비스, 심지어 POP3 이메일까지 지원된다. 이메일을 받고 보내는 것도 한 번 로그인을 해두면 매번 스마트폰을 켤 때마다 로그인 해

야 하는 번거로움 없이 언제 어디서든지 이메일을 보내고 확인할
수 있게 되었다.

스마트폰의 이러한 편리성은 그동안 말로만 이루어졌던 통합
서비스가 가능한 플랫폼이 되고 말았다. 앱티즌들은 스마트폰에
서 자유롭게 애플리케이션을 이용할 수 있고, 애플리케이션 간의
전환 또한 자유롭게 할 수 있다. 만약 IT와 관련한 모든 사람이 꿈
에 그리던 모습이 있었다면, 이것이 바로 꿈의 세상인 것이다.

앱티즌, 통합을 꿈꾼다

지금 우리 사회의 기성세대는 중학교를 졸업하고 고등학교에 입
학하면 이과와 문과 중 어느 쪽으로 갈 것인지를 결정해야 했다.
지금도 드는 생각이지만, 인생을 좀 더 살아보고 결정하면 안 되는
것인가. 이것이 좋은지 혹은 저것이 좋은지 판단하기보다는, 수학
을 잘하면 이과로 가고 국어나 영어를 잘하면 문과로 가는 것이 맞
는 의사결정이라고 배웠다. 그리고 인생은 그렇게 나누어지기 시
작했다.

대학에 입학할 때도 문과와 이과로 나누어서 시험을 보고 계열
에 맞추어 진학했다. 대학을 졸업하고 회사에 취직할 때도 마찬가
지다. 문과 출신은 무조건 인사교육 부서 아니면 기획 관련 부서,

이공계 전공자들은 해당 전공 분야 안에서 전전한다. 나이가 웬만큼 들어 세상을 알고 자신의 모습을 찾아가기까지 우리 대부분은 이렇게 양분된 세상에서 살아간다. 그렇게 살아가는 것이 정답이었던 셈이다.

하지만 앱티즌은 기본적인 마인드가 다르다. 스마트폰에는 영역구분이 존재하지 않는다. 모든 애플리케이션은 같은 위치에 놓여 있고, 어느 것이 중요하고 어느 것이 덜 중요하다는 기준 자체가 없다. 따라서 중요도에 대한 구분이 없고, 모두 나를 위한 애플리케이션이 된다. 통합과 융합이라는 것이 앱티즌에게는 너무나도 당연하고 기본적인 사항에 해당된다. 이것은 그동안 우리가 길들여져 온 이분법적 고정관념, 나아가 문제를 해결하는 데서 어떤 분야의 내용이 필요할 것인지를 고민하는 과정 자체가 없음을 의미한다. 이들의 뇌 구조가 기본으로 통합과 융합이 맞는 것이라고 인식하기 때문에 이와 관련한 불필요한 일이 사라진 셈이다.

여기에서 앱티즌의 사고는 통합적 사고를 할 수 있는 기본을 다진다. 특히 젊은 앱티즌들은 훗날 사회에 적응했을 때 지금의 기성세대와는 전혀 다른 의사결정 패턴을 가지고 새로운 의사결정을 하게 될 것이다.

나만의 것을
찾는다

인간은 도구를 만든다

인간은 도구를 만들어 사용하는 유일한 동물이다. 사람의 손은 도구를 만들고, 눈과 귀는 외부로부터 전해오는 소리와 영상 이미지를 받아들이는 감각기관의 역할을 해왔다. 감각기관에 손이 더해지면서 인간이 감지할 수 있는 세계는 더 넓어졌고 더 깊어졌다. 그래서 인간은 생존에 필요한 정보를 받아들이고 분석하는 알고리즘을 체득하면서 살아왔다.

인간의 본성은 늘 새로운 도구를 만들어내고 그것을 더 발전시켜서 우리에게 적합한 '도구'를 만들어내고자 한다. 스마트폰과 애플리케이션 역시 이런 차원에서 이해할 수 있다. 앱티즌에게 도구는 스마트폰과 애플리케이션인 것이다. 테크놀로지에 기초한 커뮤니케이션으로 의사소통을 한다고 할 때 앱티즌에게 이 두 가지는 생존의 도구와 마찬가지다. 예를 들어, 스마트폰을 매일 사용하는 사람에게서 단 하루라도 스마트폰을 분리시켜보자. 분명히 그는 하루 종일 불안해서 처리해야 할 일도 제대로 처리하지 못할 것이다. 실제로 나는 그런 경험을 해봤다.

생각해보면, 우리 사회에서 과거 '휴대폰'이 가진 성격은 매우 독특했다. 마치 휴대폰이 분신이라도 되는 양 매우 중요하게 생각했고, 그래서 조금이라도 흠집이 날까 봐 애지중지 놀놀 싸매고 다닌 사람이 한둘이 아니었다. 이렇게 휴대폰을 중요하게 생각했던 것은 휴대폰이 우리에게 매우 중요한 '도구'의 개념이었기 때문이다. 물론 추상화된 이미지인 나를 상대에게 보일 수 있는 몇 안 되는 아이콘의 역할을 한 것이었지만, 근본적으로 본다면 휴대폰은 나에게는 없어서는 안 될 중요한 도구였고 그래서 소중하게 다루었던 것이다. 이쯤 되면 도구로서의 휴대폰은 나의 개성을 표현하는 것이 맞다. 과거 원시시대의 도구에도 각자 독특한 메시지를 남겨놓았듯이, 지금의 도구인 '휴대폰'에도 각자 개성을 드러내고자 하는 욕망이 남아 있다.

그런데 휴대폰은 앱티즌에게는 도구로서의 제약 조건이 많았다. 우선 애플리케이션을 다운로드 받아 설치할 수 있는 환경이 아니었다. 휴대폰은 전화를 걸고 받는 것을 목적으로 하기 때문이다. 이것은 단순한 일대일 커뮤니케이션을 목표로 만들어졌다. 소프트웨어적으로 남들과 다른 휴대폰 '도구'를 갖기란 요원한 일이었다. 그래서 우리는 휴대폰에 참으로 많은 치장을 해야 했다. 스티커를 붙이는가 하면, 남들에게는 없는 보호대를 하는 경우도 많았고, 이상한 핸드폰 줄을 만들어서 선물하는 경우도 있었다. 생각해보면 단순한 전화기에 왜 그렇게 공을 들였을까. 그 이유가 바로 인간이 만들고 소유하는 '도구'였기 때문이다.

스마트폰은 모두 다르다

스마트폰이 등장하면서 휴대폰과는 다른 차원의 소유 행태가 나타난다. 휴대폰은 나를 위한 '도구'로 삼기에 제약이 있었던 반면, 스마트폰은 여러 가지가 자유롭다. 우선 스마트폰에서는 수많은 애플리케이션을 다운로드 받아 활용할 수 있다. 인간은 나만을 위한 독특한 도구를 갖기 원한다는 측면에서 볼 때, 스마트폰은 일단 합격점을 받은 것이다.

애플리케이션은 물리적으로 만져지지도 않고 공간을 차지하는 것도 아니다. 다운로드를 받아 애플리케이션을 실행하려면 스마트폰에 여유 공간이 남아 있어야 하지만 이것을 가지고 물리적 공간이라고 설명하기에는 모호한 측면이 있기 때문이다. 그리고 애플리케이션은 눈에 보이는 개념도 아니다. 0과 1로 된 숫자의 조합에 불과하기 때문이다. 그저 전기적 신호 체계의 조합에 불과하다.

하지만 애플리케이션이 스마트폰 안으로 들어오는 순간 스마트폰은 다른 도구가 된다. 활용이 불가능했던 기능들이 살아나고, 그것을 통해 내가 하고 싶은 일들을 할 수 있게 된다. 상대방에게 이메일을 보낼 수도 있고, 위치 정보를 찾을 수도 있으며, 사진과 동영상 등 커뮤니케이션에 필요한 정보를 상대방에게 전송할 수도 있다. 겉으로 보면 화려하지 않고 남들과 똑같은 도구에 불과하지만 내용물은 전혀 다른 물성을 가진 '도구'가 되는 셈이다. 아이폰의 경우 벨소리는 몇 가지 없다. 단순 그 자체다. 벨 소리를 다운로드 받을 수 있는 환경도 찾기 힘들다. 하지만 이런 것 때문에 불만인 사람은 아직 보지 못했다. 아이폰이라는 스마트폰 자체가 이미 훌륭한 도구이기 때문이다. 수많은 애플리케이션을 다운로드 받아서 남들과 다른 스마트폰이 되었다는 것을 누가 알려주지 않아도 이미 알고 있기 때문이다.

스마트폰에는 잠금 기능이라는 것이 있다. 물론 이런 기능은 휴대폰에도 있다. 잠금 기능을 활성화해서 나만 아는 비밀번호를 입력하면 비밀번호를 모르는 사람은 이 휴대폰으로 전화를 걸지 못한다. 스마트폰은 여기에서 한 단계 더 발전했다. 만약 스마트폰을 잃어버려서 타인의 손에 들어간다고 가정해보자. 이 사람이 스마트폰을 사용하려면 잠금 기능을 풀어야 하는데, 비밀번호의 오류가 10번 정도 발생하면 스마트폰에 있는 애플리케이션, 이메일, 사진과 동영상 자료가 모두 사라진다.

다시 말해, 누군가의 스마트폰을 주웠다고 해서 사용할 수 있는 '도구'가 되는 것은 아니다. 스마트폰의 핵심은 기계적이고 물리적인 성격을 가진 하드웨어가 아니라, 수많은 애플리케이션의 조합으로 만들어진 스마트폰의 고유한 '물성'이라는 말이다. 앱티즌의 성향은 이 고유한 물성을 가진 스마트폰에서 또 다른 측면을 발견할 수 있다.

나만의 개성을 찾는 앱티즌

오래전부터 우리는 '다원주의'라는 말을 들어왔다. 개인의 생김새가 모두 다르듯이, 취향도 각각 다르다는 것을 이해하는 것이다. 내가 가진 정치적 취향이 다른 사람과 다를 수 있다는 것이고, 내가 가진 꿈과 비전이 다른 사람과 다른 것이 너무나도 자연스러운 일임을 이해하는 것이다.

그런데 이상하게도 다원주의라는 말이 무색할 만큼 우리 사회에서는 남들과 똑같이 생각하기를 강요받고, 또 강요하는 사회적 분위기가 팽배했던 것도 사실이다. 그것은 그 시대가 대중사회였기 때문이기도 하지만 집단 쏠림 현상도 한몫했다고 생각한다.

한편 대중사회에서는 커뮤니케이션도 일 대 다중 커뮤니케이션을 의미한다. 어떻게 하면 하나의 메시지를 가능한 한 많은 사람에게 알리고 전파할 수 있느냐가 중요했다. 사회의 기본 모드가 대중사회였으므로 우리가 이상적으로 믿고 있던 '다원주의'는 설 자리를 잃었던 것이다.

하지만 요즘은 대중사회라는 말을 잘 사용하지 않는다. 앞서 이야기한 대로 대중사회는 시간적 제약을 받고 시작했던 사회였기 때문이다. 기계적 연대성에서 유기적 연대성으로 바뀌는 중간 단계로서만 의미를 지니는 사회 구조가 바로 대중사회다. 이러한 대중사회의 모드가 막을 내리는 시점에 스마트폰이 개발되고 애플리케이션 수십만 개가 돌아다니고 있어서 개인의 취향을 한껏 살릴 수 있는 '도구'가 개발되었다는 것은 '다원주의'를 완성할 수 있는 플랫폼이 완성되었다는 것으로 이해할 수 있을 듯하다.

앱티즌은 이런 시대적 배경에서 태어나 지금 이 분위기를 누리고 있는 세대다. 내가 갖고 싶은 도구의 모양새를 스스로 디자인하고 소유할 수 있는 세대이기 때문이다. 결국 앱티즌은 자신만의 개성을 찾는 세대라고 부를 수 있다. 지금까지 우리에게 제공되었던 환경과는 사뭇 다른 점이라고 할 수 있다.

타인에게
의존하지 않는다

전통적 의미의 사회적 존재

과거에 이런 광고가 있었다. "스무 살에 만난다, TTL." 이 광고 카피의 전문이다. 더 이상 다른 설명도 없다. 그 광고 이전에는 '011' 번호를 선전하려고 'SPEED 011' 등의 카피가 붙어 있었던 것으로 기억한다. 또 하나 재미있는 상품이 등장했던 적이 있다. 바로 '815 콜라'였다. 이 제품은 외국 브랜드에 대항해서 국내 브랜드로 만들어진 것이었다. 당시 이 콜라를 마시는 일이 마치 '애국심'이라는 이미지를 마시는 것으로 여겨졌던 기억이 떠오른다.

최근에도 눈여겨볼 상품이 있다. 바로 세계적으로 유명한 '스타벅스' 커피 매장이다. 사실 스타벅스 매장에 가서 커피를 마실

때는 커피를 마시는 행위 자체보다는 그 공간이 가진 이미지를 구매하는 것과 같은 효과가 일어난다.

이 세 가지 사례가 이야기하는 것은 모두 우리가 사회적으로 살아가는 존재이라는 사실이다. "스무 살에 만난다, TTL" 광고가 멀리 떨어진 무인도에서 가능한 광고 카피가 아니며, 815 콜라도 남들과 같이 공존하면서 살아가지 않는 한 무의미한 상품에 불과하다. 마찬가지로 스타벅스 커피도 다른 사람과 커뮤니케이션을 하지 않는 상황에서는 굳이 그 이미지를 구매하려고 그 커피 전문점을 찾아야 할 이유가 없다. 특히 스타벅스는 커피를 판매하는 곳이 아니라 문화와 공간을 판매한다는 의미에서 볼 때 더욱 커뮤니케이션적으로 생각하지 않을 수 없다.

이런 모든 행위가 주는 결론은 우리가 매우 전통적 의미의 커뮤니케이션을 일상화하고 있다는 것이다. 근대에 들어와서 '사회적 존재'라고 설명되었던 인간의 모습이 아주 멀리 있는 이야기가 아니라 우리 실생활에서도 쉽게 찾아볼 수 있는 사례라는 말이다. 다만 우리는 기표와 기의가 난무하는 상황에서 이런 사실을 잠시 잊고 있었을 뿐이다. 잊고 지내는 것은 당연한 일이다. 일상생활 속에서 일어나는 일의 존재감을 잊고 사는 것은 우리만이 아니다.

솔직히 우리는 매우 서양적인 사고방식과 합리성에 익숙해 있다. 그렇기 때문에 근대적 의미의 커뮤니케이션 방식을 선호하는 것 또한 당연한 일에 해당된다. 하지만 이 모든 것이 학문적으로 설명될 수 있다는 것은 인정하지 않았다. 겉으로 보이는 현실이 늘 그렇게 우리에게 일상처럼 인식되었기 때문이다.

지금까지와는 다른 커뮤니케이션 방식

앱티즌은 나름대로 독특한 커뮤니케이션 방식을 가지고 있다. 앱티즌은 이미 유기적 연대성을 가지고 커뮤니케이션을 하고 있다. 이것은 기존에 우리가 살아온 대중사회의 사회적 분위기와는 다르다. 또 오프라인 중심의 사회적 분위기와도 다르다. 가상공간에서 이루어진 유기적 연대성을 현실 세계에서도 공유하기 때문이다.

앱티즌의 이러한 성향은 독특한 형태로 파악할 수 있다. 앱티즌이 지금까지와는 다른 방식으로 커뮤니케이션 하고 있기 때문에 앱티즌들은 앱티즌끼리의 유기적 연대성에 기인한 행동을 하게 된다. 다시 말해, 앱티즌은 각 연령대별로 다양하게 구성되어 있지만 연령대로 준거집단이 편성되지는 않는다.

이러한 현상은 몇 년 전부터 나타났다. 싸이월드의 미니홈피를 파도타기 해가며 인물을 검색한다든지, 카페나 블로그를 만들고 서로 공유한다든지, 트위터로 자기만의 뉴스를 전송하며 미디어에 항거하는 모습은 분명 그전과는 다른 모습들이다.

　이 현상을 설명하려고 많은 사람이 '웹 2.0'이라는 개념을 도입했다. 웹 2.0이 만들어낸 네티즌은 분명 기존 네티즌과는 다르다고 설명하기 위해서였다. 많은 기업과 연구소 혹은 개인들이 웹 2.0을 듣고 이를 업무와 지식에 연결하고자 하는 작업을 해왔다.

　그러나 웹 2.0이 웹사이트를 벗어나 스마트폰으로 옮겨온 상황에서는 이 모든 것을 설명하기가 어렵다. 쉽게 말해 네티즌이 스마트폰으로 인터넷을 할 수는 있지만, 웹을 벗어나 애플리케이션으로 모든 것을 해결하고 있는 상황은 기존의 네티즌으로는 설명하기가 불가능해 보인다. 게다가 웹 2.0 시대에 가지고 있었던 특성들이 더 강화되고 고착화되었다는 사실은 더 이상 웹 2.0으로 설명할 수 없는 한계에 이르렀다고 할 수 있다.

또 다른 커뮤니케이션을 하는 앱티즌

지금 앱티즌은 전통적 의미의 커뮤니케이션 방식을 무너뜨리고 있다. 그것은 연령대를 파괴하면서 '앱티즌' 안에 들어오는 순간, 앱티즌이라는 색채를 띠게 된다는 것을 의미한다. 앱티즌끼리의 유기적 연대성으로 많은 부분이 설명될 수 있다는 것은, 전통적 의미의 커뮤니케이션 원칙이 앱티즌에게서 블랙홀 현상을 일으킨다는 것을 반증한다.

또 다른 증거도 있다. 커뮤니케이션 원칙 중에 침묵의 나선 이론을 생각해보자. 여론 형성의 사회심리학적 메커니즘을 설명하고자 독일의 여성 커뮤니케이션 학자가 제시한 이론이다. 이것은 '침묵의 나선 이론' 또는 '와선 이론'이라고도 불리는데, 매스커뮤니케이션 효과에서 강효과 이론이라고 불린다. 이 이론은 사람들이 자기의 의견을 잘 드러내지 않는 경향을 설명해준다.

가령 사회적으로 지배적인 여론 속에서 자신만이 반대 의견을 가지고 있다면 침묵하는 경향이 있다고 정의한 내용이다. 물론 이 이론이 처음 발표되었을 때는 "경향이 있다" 정도로 비교적 약하게 표현되었지만, 인터넷과 방송이 실시간으로 이루어지고 의견의 극단적 대립이 현저하게 일어나는 요즘 세상에서 사람들은 자기 자신의 주장을 숨기는 것이 일반적이다. 이를테면 여럿이 모여 정치적인 문제에 대해 다수가 의견의 일치를 보일 때, 소수는 본인의 의사를 적극적으로 행사하지 않는 경우다.

최근에는 침묵의 나선 이론과 비슷한 정치적 덕목으로 '뉴프루더리(new prudery)'라는 말이 등장했다. 본질을 보면 뉴프루더리와 침묵의 나선 이론은 동일하다. 인트랜스 번역원의 안진환 대표에 따르면 뉴프루더리는 '조신하고 얌전한 척 가장하는 태도'로 정의

된다. 즉, 뉴프루더리의 성향을 가진 지식인들은 자신의 야망을 감추고, 정치적으로도 의견을 강하게 드러내기를 두려워하고, 자신이 무엇으로 성공했는지에 대해서도 언급하려고 하지 않으며, 권력과 정치 세력에 대해 무관심한 듯한 태도와 말을 일관되게 유지한다고 한다. 이는 침묵의 나선 이론과 마찬가지로 대중에 대한 두려움이 깔려 있고, 두려움으로부터 자유롭지 않기 때문이다.

시대가 변화하고 있으니 그 시대에 맞추어서 자신의 행보를 정하는 것도 지혜로운 방법이라고 이야기하지 않을 수 없다. 그것 또한 '생존하는 방법'이라고 한다면, 생존이 가장 큰 화두가 되고 있는 지금 상황에서 크게 비난할 수는 없다는 말이다. 하지만 지식인들은 지식을 바탕으로 한 진실을 이야기해야만 한다. 때로 진실을 찾을 수 없다면, 본인이 가지고 있는 지식을 이야기할 줄 알아야 한다.

하지만 유기적 연대성을 가진 앱티즌 내부에서는 이런 지식인에 대한 역설은 통하지 않는다. 여전히 침묵의 나선 이론이 작동하고, 그 구조 안에서 새로운 패러다임이 작동하기 때문이다.

타인에게 의존하지 않는 앱티즌

커뮤니케이션의 방식을 바꾼 앱티즌의 성격 가운데 두드러진 것은 타인에게 의존하지 않는 성향이다. 실제로 앱티즌의 행동 양상을 분석해보면 쉽게 알 수 있다. 앱티즌은 하루 종일 일과 생활을 하면서 일일이 누구에게 묻지 않는다. 지하철역으로 가려면 어떻게 가야 하는지, 열차는 언제 오는지, 이 역에서 가장 가까운 커피 전문점은 어디 있는지, 또 어느 길이 막히는지 안 막히는지 등에 대한 정보를 타인에게 의존할 필요가 없어졌기 때문이다. 이러한 행동 양식은 지금까지 인류가 생활해오면서 갖고 있었던 기본적인 행동 패턴을 변화시키는 요인이 된다.

우리가 앱티즌을 연구하고 분석해서 어떻게 행농할 것인지를 고민해봐야 하는 이유가 바로 여기에 있다. 앱티즌은 전통적 의미에서 커뮤니케이션 방식을 송두리째 흔들어놓는가 하면, 기본적인 커뮤니케이션의 룰을 지켜나가고 있다. 그러면서도 지금까지의 행동 양식을 바꾸어서 새로운 행동 패턴을 만들고 있다는 점은 매우 흥미로운 사실이다.

물론 과거에 텔레비전이 처음 생겨나고 인터넷이 처음 생겨났을 때도 이와 같은 변화가 있었고, 이를 수용하느냐 마느냐가 매우 중요한 문제였다. 지금도 마찬가지다. 앱티즌이 생겨나 많은 것에서 변화가 일어나고 우리는 그 변화의 한가운데 있는 셈이다. 이와 같은 일들이 결국 긍정적으로 작용할지 혹은 부정적으로 작용할지는 아직 답하기 이르다. 시간이 더 흐른 뒤에 살펴볼 일이다. 또 그것을 가지고 갑론을박한다고 해서 미래의 모습이 변화되는 것도 아니다.

사이버 리더십을
보유한다

사이버 리더십이란

리더십이란, 조직이 성공하도록 이끌고자 조직을 통솔하고 다스리는 능력이다. 인류가 혈연과 지연을 중심으로 조직을 결성하고 행동하기 시작했을 때부터 리더십은 매우 중요한 덕목으로 인식되었다. 현대 사회에서는 리더십이 더욱 중요한 덕목으로 인식된다. 한 조직의 성패는 리더가 제대로 된 리더십을 가지고 있느냐 여부에 따라 결정되기 때문이다.

리더십은 시대가 변화하면서 많은 차이를 보이는 것이 보통이다. 전쟁 중일 때는 군인이 리더십의 표준으로 인식된다. 이럴 때는 보통 전쟁 영웅의 모습으로 등장한다. 과거 나폴레옹, 한니발,

잔다르크, 패튼, 맥아더 등은 모두 전쟁 영웅이었다. 하지만 전쟁이 종료되고 정치가 중요하게 인식이 되는 시절에는 정치인이 영웅으로 등장한다. 또 정치의 시대가 막을 내리고 문화와 스포츠의 시대가 되면 이제는 스포츠 스타가 영웅이 된다. 이와 같이 시대가 변화하면 자연스럽게 리더십도 변화한다.

그렇다면 사이버 리더십은 어떻게 정의할 수 있을까? 사이버 리더십은 오프라인 리더십과는 정반대의 리더십이다. 오프라인 리더십에서는 행동과 외모, 스피치가 매우 중요하다. 이를테면 요즘 같은 시대에 스포츠 스타는 무조건 잘생겨야 하는데 잘생기지는 않더라도 적어도 호감형이어야 사람들이 따른다. 더구나 가수나 배우라면 더 말할 필요도 없다. 한편에서는 지나친 외모 지상주의에 대해 우려하는 것도 사실이지만 현재 우리 사회의 모습이 그렇게 형성되고 있는 데는 이의를 제기하기 힘들어 보인다. 젊은이들이 자주 가는 거리에는 항상 성형외과가 자리한 것도 이런 사회 분위기를 그대로 반영한다.

하지만 사이버 리더십이라는 영역에 들어오면 상황은 달라진다. 말과 행동, 그리고 외모는 그렇게 중요한 요인이 아니다. 인터넷이라는 가상공간 안에서 어떤 글을 쏟아내는지, 어떤 사람을 추종하는지가 중요한 판단 요소가 된다. 오프라인에서 리더십을 구성하고 판단하는 요소와는 별개로 움직인다는 사실을 알 수 있는 대목이다.

골칫거리 사이버 리더십

사이버 리더십이 골칫거리라는 말이 나온 지 이미 꽤 되었다. 도무지 사이버 리더십은 기존 제도권 안에서는 통제가 어렵기 때문이다. 우선 사이버 리더십 자체는 물리적으로 보이지 않기 때문에 인터넷에 접속하지 않고서는 찾기가 어렵다. 그리고 매우 빠른 속도로 진화하고 있기 때문에 통제하기가 쉽지 않다. 가령, 우리 사회에서는 악성 덧글과 악성 루머 때문에 적잖게 사회적 문제가 발생하고 있다. 하지만 이에 대응할 방법이 마땅히 존재하지 않는 것이 현실이다. 물론 일이 벌어지고 난 다음에 형법의 테두리 안에서 처벌하는 것은 가능할지 모르나 이를 예방하기에는 한계가 있다.

사이버 리더십은 국제적으로도 손대기 어려운 문제다. 중국 네티즌들과 한국 네티즌들이 사이버상에서 한판 전쟁을 벌인 적도 있다. 제도권 안에서는 젊은 네티즌들이 인터넷에서 싸움판을 벌이고 있으니 안절부절못하겠지만, 막상 어찌 해보려 해도 어디에서부터 어떻게 손을 써야 할지 모르는 것이 바로 국제적인 문제에서 사이버 리더십이 가진 한계다.

결국 다보스 포럼에서도 사이버 리더십 문제를 지적하고 있지만, 세계적인 석학 혹은 정치인과 재계 인사들이 모였어도 사이버 리더십 문제에는 딱히 해법이 나오지 않았다. 단지 문제 인식을 하는 데 그치고 말았다. 특히 《힘의 이동》에 따르면, 하마던 투레 국제통신연맹(ITU) 총장은 "네트워크에 침입해 정보를 빼가는 '보트넷'은 단속이 어려운 글로벌 네트워크의 전염병"이라며, "더 강력한 보안 장치를 마련하고자 정부와 민간, 특히 제조업체가 한자리에 모여 해법을 찾아야 한다"라고 강조했다고 했다. 또 마이클 델 델컴퓨터 회장과 지트레인 옥스퍼드 대학교 교수는 규제 사항을 충족하는 NGN(Next Generation Network)이라는 차세대 네트워크의 필요성을 제안했다고 한다.

이쯤 되면 사이버 리더십이라는 새로운 용어가 생길 만하다. 도대체 사이버 리더십이 무엇이며 어떻게 통제하느냐를 고민해야 하니 말이다. 반복되는 이야기이지만, 사이버 리더십을 통제하는 것은 불가능한 일이다.

앱티즌의 사이버 리더십

분명한 것은 앱티즌도 사이버 리더십을 가지고 있다는 사실이다. 앱티즌은 웹 2.0의 최고 발전 단계에서 그 문화와 양식을 그대로 승계했으므로, 웹 2.0이 가지고 있는 리더십을 그대로 가지고 있다고 봐야 한다. 트위터와 마찬가지로 앱티즌은 오프라인에서 어떤 사람인지 어떤 행동 양식을 가지고 있는지는 중요하지 않다. 오로지 가상공간에서의 활동이 중요한 판단 요소로 작용한다.

하지만 앱티즌의 사이버 리더십은 몇 가지 생각할 점이 있다. 먼저, 오프라인에서 리더십을 가진 유명 인사들이 앱티즌으로 편성되면서 온라인에서의 리더십을 그대로 형성한다는 점이다. 예를 들어, 유명 연예인이나 방송인들이 앱티즌으로 들어오면서 앱티즌 사이에서도 이들을 추종하는 팬클럽이 'Follow'의 형태로 발전하거나 팬클럽이 결성되기도 한다. 그러나 이것은 단지 연예인들이 팬클럽을 확보하는 채널로 인식한 데 지나지 않는다고 보는 것이 맞을 것이다.

두 번째로, 과거 인터넷이 그랬던 것처럼 앱스토어에서는 새로운 애플리케이션들이 매일 새롭게 등장하는 것을 목격할 수 있다. 이것은 한편으로 앱스토어를 이끌어가는 리더십이라고 이해할 수도 있다. 한마디로 시장을 선도한다는 말이다. 과거 인터넷 시대에는 인터넷은 곧 상품이 될 수 없었다. 다시 말해, 인터넷 사이트에서 물건을 구매하거나 교환할 수는 있지만 인터넷 자체가 상품은 아니었다는 말이다. 하지만 앱스토어에서는 애플리케이션 자체가 서비스이면서 안내장이고 이것이 곧 상품이 된다. 앱스토어에서 애플리케이션을 구매했다고 해서 물건이 배달되거나 교환되는 일은 없다. 따라서 앱스토어에서 어떤 서비스를 애플리케이션으로 구축해서 판매할 것이냐는 선도적인 의미에서 리더십이라고 할 만하다.

그리고 마지막으로, 앱티즌 사이에서는 애플리케이션과 관련한 기술을 보유하고 있는 것은 리더십의 필수 요소라고 할 수 있다는 점이다. 사실, 인터넷 시대에도 HTML 정도는 다루어야 복잡한 이메일을 보낼 수 있었다. 마찬가지로 애플리케이션 수십만 개가 구축된 시점에 애플리케이션을 개발하고 구축하는 능력은 앱티즌의 또 다른 리더십 요소라고 할 수 있다.

집단 지성을
가진다

말의 한계

인간이 만든 위대한 발명품 중에는 이상하게도 커뮤니케이션과 관련한 것이 많다. 대표적으로 '신의 선물'이라고 불리는 문자, 구텐베르크의 인쇄술, 또 오늘날 통신기기의 발달로 인해 전자적 장치로 커뮤니케이션 할 수 있는 도구들이 바로 그것이다.

인류 역사에서 의사소통과 관련한 역사를 살펴보면 동일하게 벌어지는 현상을 발견할 수 있다. 의사소통의 방법이 한 번 변화할 때마다 언제나 새로운 매체가 등장했다는 점이다. 이 말은 거꾸로 하면 새로운 매체가 등장할 때마다 새로운 의사소통 방법이 등장했다는 말이 된다. 우리는 얼마 전까지 의사소통을 '말'로만 전달해왔다. 말은 일종의 '약속된 기호'라고 할 수 있다. 말을 하고 그 것을 받아들이려면 거기에는 '인코딩'과 '디코딩' 작업이 필요하다. 생각을 해야만 말할 수 있고, 생각을 가지고 있고 그 음성 체계를 이해할 수 있어야만 그 말을 해석할 수 있다.

여기에서 말의 한계가 드러난다. 한때 음성언어가 발달해서 의사 표현을 정확하게 할 수 있게 되면서 음성언어는 커뮤니케이션에서 가장 정확하고 중요한 수단으로 인식되었던 것도 사실이다. 하지만 여기에는 한계가 있었다. 다시 말해, 음성언어는 일정한 시점에서 공간을 확대하여 더 많은 사람이 듣게 할 수는 있었다. 하지만 시간과 공간을 초월해서 다른 사람에게 전달하는 것은 매우 어려운 작업이었다. 왜냐하면 이른바 구전(口傳) 효과 때문이다. 구전되는 과정에서 정보가 변질되기 때문에 잘못된 정보가 전달될 가능성이 높다. 물론 인류는 이것을 극복하려고 많은 노력을 기울였다. 그러나 통신 기술이 처음부터 그렇게 발달한 것이 아니었기 때문에 어려움이 있었다.

집단 지성의 등장

과거에는 대중을 지혜롭지 못한 존재라고 여겨졌다. 특히 유교 사상에서는 대중은 지혜롭지 못한 존재라고 여기고 그렇게 정치 행위를 했던 정치인이 적잖다. 대표적으로 조선 시대 조광조와 같은 정통 사림파가 여기에 해당된다. 중국의 기본 정치사상도 이와 크게 다르지 않았다. 조광조는 성리학을 공부하여 "능히 사욕을 이길 수" 있는 사람을 '군자'라고 표현했다. 군자는 성명의리지학(性命義理之學), 즉 하늘이 인간에게 부여한 본성과 사회의 규범법칙을 공부하고 깨달아 실천하는 자세를 갖춘 사람을 말한다고 했다. 하지만 대중은 성리학을 공부하지 않았거나 제대로 터득하지 못해서 칠정에 흔들리기 쉬운 사람들이라고 했다. 한마디로 대중은 우매하고, 리더는 훌륭하나는 말이다.

하지만 최근의 상황은 이와 정반대다. 솔직히 대중은 우매하다고 이야기하는 정치인이 있다면 그는 곧 네티즌들의 뭇매를 맞아야 한다. '집단 지성'이라는 말이 생겨났기 때문이다. 우리 사회에는 언제부터인가 집단 지성이라는 개념이 존재하기 시작했다. 무슨 어려운 문제가 생기면 대중이 집합적으로 모여들기 시작했고, 이는 집단 지성으로 표현되어 대중은 곧 진리라는 명제를 남기기에 충분하다.

혹자는 우리 사회의 집단 지성에 대한 이야기를 100여 년 전에 있었던 만민공동회와 비슷한 성격을 가진 것이라고 이야기하기도 한다. 그러나 이것은 커뮤니케이션의 발전 단계를 몰라서 하는 소리다. 만민공동회는 일제 탄압하에서 공유하고 전달해야만 했던 사실을 공표하는 공공의 자리였다. 반면 집단 지성이 발현되는 최근의 사이버상의 양상은 다르다. 독재정권이 있는 것도 아니고, 독재정권이 있다고 하더라도 통신 기술의 발달로 인한 개인 간 커뮤니케이션의 고리를 끊을 방법은 존재하지 않는다.

따라서 개인끼리는 하고 싶은 이야기는 다하고 있는 셈이다. 이런 상황에서 집회 또는 사이버상의 결합은 하고 싶은 이야기를 하는 것이 아니라 연합된 힘을 보여주는 일종의 세레모니 형식인 셈이다. 결국 하고 싶고 해야만 하는 이야기를 전달했던 만민공동회와 지금의 집회 문화는 다른 출발점에서 시작한 것이다.

지금의 집단 지성이 가능한 이유는 바로 앞에서 살펴본 것처럼 언어의 한계성을 인식하고 발전된 커뮤니케이션의 도구 덕분이다. 구전 효과를 거치지 않아도 되기 때문에 단 한 명에서 시작해서 100명 혹은 1000명에게 전달되어도 동일한 메시지가 전달될 수 있다. 애플리케이션에서도 가능한 '베껴두기' 기능과 '붙이기' 기능 덕분이다. 솔직히 이 두 가지 단순한 기능에서 이렇게 어마어마한 대중의 힘이 나오리라고는 아무도 생각하지 못했을 것이다. 하지만 이것은 이미 현실에서 검증된 이야기다.

우리는 이미 여러 가지 사건을 겪었다. 효순이 · 미선이 사건 때

컴퓨터 메신저를 통해 삽시간에 번져갔던 조의 문양이 그렇고, 광우병 파동과 노무현 전 대통령의 자살 사건으로 인한 집회 문화가 그것을 말해준다.

그렇다면 앞으로 집단 지성의 문화는 어떻게 진행될까. 스마트폰을 들고 애플리케이션을 이용했던 앱티즌은 2009년 10월까지는 별로 존재하지 않았다. 인터넷을 이용한 네티즌이 대부분이었다.

하지만 앱티즌이 대세가 되는 순간, 지금까지와는 차원이 다른 집단 지성이 발현될 것이다. 왜냐하면 걸어 다니면서, 언제 어디서나 베껴두기와 붙이기 기능을 통해 정보를 전달할 수 있기 때문이다.

문화를
잃는다

전통을 이어가는 커뮤니케이션

인류는 처음부터 말을 할 수 있는 존재가 아니었다. 원시적인 의사 소통은 몸짓으로 이루어지는 것이 대부분이었다. 그리고 후세를 위해 기록을 남기기 시작했는데, 그것은 그림으로 표현되었다. 그 후 의견이나 생각을 단순하게 남기기 시작했고, 곧이어 '언어'가 등장했다. 또 이 언어를 문자화할 수 있는 표의문자 혹은 표음문자 가 등장했다. 그리고 최근에 와서는 인류가 가지고 있는 문자 체계 를 전자적으로 표기하고 전달할 수 있는 상황에 도달했다.

이렇게 말을 하기 시작하고, 문자로 그것을 기록하고, 또 전자 적으로 작성하고 전달하기까지 인류는 대략 10만 년 정도의 세월을 보냈다. 그동안 문자와 언어는 각각 인류의 문화를 구축하는 역할을 담당해왔다. 언어는 공동체를 결성하고 결합시키는 역할을 담당했다. 이 공동체는 앞에서 살펴본 기계적 연대성에 근거한 사회가 출현하며 시작되었다.

반면 문자를 통한 커뮤니케이션은 자료에서 정보를 얻고, 수많은 정보에서 지식을 생산해내고, 지식에서 지혜를 만들어내는 역할을 담당해왔다. 말 그대로 자료·정보·지식·지혜의 지식 생산 단계를 구축해낸 셈이다.

이로써 인류는 지식의 깊이를 복리로 쌓아 올릴 수 있었고, 이것을 기반으로 문명과 사회를 구축하고 서로 연대하는 즐거움을 만끽했다. 결국 문자와 언어는 인류가 커뮤니케이션을 할 수 있게 하고, 인류가 생존할 수 있는 토대를 마련하고, '가치 생존'이라는 개념까지 만들 수 있게 해준 도구였던 셈이다.

전자적 의사소통 방식의 등장

이제 10만 년이 경과하고 새로운 세상이 열린다. 문자와 언어가 존재하는 세상에 갑자기 통신 기술이 발달하고, 이제는 전자적인 처리 과정을 거쳐 커뮤니케이션을 하는 세상이 되었다. 하지만 이제부터는 무엇인가 심상치 않게 돌아간다.

여기에는 두 가지 극한의 대립을 이루는 현상이 벌어진다. 사실 언어와 문자가 공존했을 때는 서로 충돌을 일으킨 적이 없다. 서로 상보적인 관계였기 때문이다. 문자가 언어의 소멸을 가져오지도 않았다. 오히려 문자는 언어를 더 널리 보급하는 도구가 되었다고 볼 수 있다. 결국 문자의 좋고 나쁨에 따라서 문명이 더 발달하거나 덜 발달한 경우는 있었지만, 문자와 언어가 서로 충돌해서 문명을 소멸로 이끈 사례는 없다.

하지만 디지털이 등장한 이후의 현상은 다르다. 통신 기술의 발달로 전자적 의사소통이 가능해지면서 앞서 인류에게 혜택을 주었던 문자와 언어, 그리고 전자적 소통 방식이 서로 충돌하는 현상이 벌어진다. 전자적 의사소통, 다시 말해 디지털화가 가속화되면서 우리는 지금까지 인류가 가진 모든 지적 유산을 나름대로의 체계로 정리하고 집합하는 과정을 거치고 있다. 이른바 시각화와 디지털화가 바로 그것이다.

충격적인 것은 시각화와 디지털화가 되면서 기존 문자와 언어 체계에서 인식되는 자료 · 정보 · 지식 · 지혜의 구조는 사라지고, 지식보다는 자료와 정보가 더 우위에 오르는 기묘한 현상이 벌어졌다는 점이다. 요즘 인터넷을 통해서는 거의 모든 정보를 확보할 수 있다고 한다. 하지만 이 정보가 자료인지, 정보인지, 아니면 지식인지 구별하기 힘들다. 지식이 아니라, 자료와 정보일 가능성이 더 높다. 하지만 사람들 대부분은 자료와 정보를 가지고 있어도 이를 지식이라고 인식하는 경우가 많다.

이에 대해 많은 학자가 디지털 기술은 인류의 문화를 말살하고 있다고 주장하기도 한다. 언어와 문자가 세운 인류의 문화가 디지털로 승화되어 인류에게 도움이 되는 것이 아니라, 오히려 퇴보하고 소멸하고 있다는 말이다. 이것은 기술이 문화를 일으킬 수 없다고 말한 엘루(J. Ellu)의 주장과 동일하다.

디지털 커뮤니케이션의 중심, 앱티즌

결론적으로 볼 때, 언어와 문자의 등장, 그리고 인류는 그 두 가지를 이용해서 사회와 문명을 만들었다. 하지만 디지털 커뮤니케이션이 등장하고 나서는 지금까지 만들어온 문명이란 의미가 없어진 셈이다.

이와 같은 현상이 중요한 것은 바로 이 디지털 문화의 중심에 '앱티즌'이 자리하기 때문이다. 잠깐만 생각해보면 네티즌도 비슷한 성향을 보였던 것으로 기억할 수 있다. 또 학자들도 네티즌의 성향을 그렇게 밝힌 바 있다.

앱티즌도 마찬가지다. 앱티즌은 전 세계적으로 앱티즌의 문화를 만들고 있다. 이 문화는 그동안 언어와 문자로 계승되어오던 전통적인 문화와 사회가 가진 지식이나 지혜의 차원과는 다른 문화를 만들고 있다.

이것은 특별히 한 나라의 것이라고 할 수도 없다. 심지어 아이폰의 출발지인 미국 중심의 문화라고 할 수 있는 것도 아니다. 앱스토어를 개발한 곳은 미국이지만, 앱스토어를 전 세계 앱티즌들이 사용하고 공유하는 순간 그것은 더 이상 미국만의 것이 아니기 때문이다. 결국 지금 앱티즌들이 만들어내고 있는 문화는 그 어느 나라의 것도 아니라는 말이 된다.

엘루의 말처럼 기술은 문화를 만들어낼 수 없다는 데 필자도 공감한다. 단순히 이분법적으로 생각해보아도 알 수 있는 명제다. 기술을 개발하는 과학자가 문화로 가득 담긴 기술을 개발할 수 없는 것처럼, 기술은 문화와 공존할 수 없을지도 모른다. 하지만 이미 앱티즌의 시대는 시작되었고, 우리는 이 모든 것을 자유롭게 누리고 있다.

이 시대에는 자료 · 정보 · 지식 · 지혜의 순서로 발전되어온 지식의 4단계는 의미가 없다. 디지털 커뮤니케이션과 디지털 종합정보 시대에는 오로지 많은 자료와 정보가 지식의 자리를 대체하기 때문이다. 이런 상황을 볼 줄 아는 혜안을 가지고 요즘 세상을 바라보면 쉽게 이해가 된다.

왜 어느 포털사이트의 지식 서비스에 왜 그토록 많은 사람이 열광했는지도 생각해보면 답이 나온다. 그 내용은 지식이 아니지만, 디지털 커뮤니케이션이 문자와 언어를 지배하는 상황에서는 그것을 지식과 같다고 믿기 때문이다.

앱티즌이 세상을 바꾸는 7가지 법칙

* * * * * * * *

CEO를
바꾼다

가장 변화하지 않는 CEO

기업의 최고경영자, 이른바 CEO는 기업이라는 조직을 이끄는 사람을 말한다. 조직을 위해 책임을 다하고 실제 모든 책임을 짊어져야 하기 때문에 그들은 심리적 중압감에 시달리는 것이 보통이다. 본인이 어떻게 결정하고 선택하느냐에 따라 기업 임직원들의 운명, 그리고 그 임직원들의 가족은 운명을 같이하기 때문이다.

그렇다면 사장들은 성공을 위해서는 무엇이든지 할 수 있는 존재들일까. 그렇지는 않다. 오히려 그 반대에 가깝다. 사장들은 오히려 가장 변화를 두려워하고 변화를 어려워하는 존재들이다. 물론 그들이 직원들을 독려해서 변화하라고 강조하는 교육 프로그램을 만들거나 변화를 위한 회사의 시스템을 만들고 있기는 하다.

우리 사회에서도 IMF 이후 많은 기업이 구조조정 본부를 설치하고 각 기업의 체질 변화를 위해 애쓰기도 했다. 또 각 구성원들의 마인드세트를 전환하고 긍정적인 마인드를 갖게 하려고 지금도 많은 기업이 애쓰고 있다. 그 길이 성공을 위한 길이라고 믿기 때문이다. 하지만 이상하게도 사장들은 별로 변화하지 않는다. 사실 겉으로 보기에는 매우 변화를 잘하는 것처럼 보인다. 하지만 그들은 모두 변화가 두렵고 어렵다고 말한다. 변화의 방향이나 범위 등 모든 것을 본인 스스로 결정해야 하기 때문이다.

사장이 변화하겠다고 마음먹는다고 해도 그 길을 인도해줄 사람은 많지 않다. 그래서 요즘 우리 사회에서도 CEO 코칭이 유행하고, 각종 CEO들을 위한 모임이나 최고경영자 모임이 많은 이유도 여기에 있다. 딱히 의존할 곳이 없기 때문이다.

주변에 사람이 많을 것 같지만 오히려 사람이 없다. 주변에는 사장과 권력관계에 놓인 사람이 대부분이다. 아니면 거래처가 전부다. 이런 상황에서 사장이 변화하기란 어렵다.

CEO의 마인드를 바꾼다

웹 2.0이 등장하면서 가장 큰 변화는 변화의 물결이 미치지 못하는 곳까지 미치게 되었다는 점이다. 인터넷이 등장했을 때와는 그 물결의 크기와 깊이가 다르기 때문에 과거 인터넷 시대의 변화와는 차원이 다르다. 왜냐하면 웬만한 기기가 모두 모바일로 이동 가능하기 때문이다. 웹 2.0이 이제는 모두 애플리케이션이 되어서 스마트폰 안으로 들어왔다. 모바일이 가능하므로 어디에 있든 질문할 수도 있고, 배우는 것도 가능한 상황이 되었다.

그런데 CEO들이 변화하려는 욕구를 갖게 된 원인은 기기와 변화에 대한 신기함이 아니라 두려움이 더 크다. 미디어에서는 연일 스마트폰과 애플리케이션에 대해 이야기하고, 회사에서도 트렌드에 발 빠른 직원들은 벌써부터 스마트폰을 이용하는 경우가 많다. 그리고 이러한 경향은 급속하게 늘어나는 추세다. 게다가 스마트폰을 이용한 비즈니스로 전환하려고 하거나 스마트폰으로 홍보하는 것까지 고려하고 있는 경우는 상당수에 달한다. 결국 비즈니스의 작은 수단까지 변화하고 있는 상황이므로 사장으로서는 이런 상황을 묵과할 수 없는 셈이다. 사장이지만 스스로 이 분야에 대해 공부해야 하는 상황을 직시하게 된 것이고, 이제야말로 변화하지 않으면 안 되겠다고 느끼는 것이다.

그래서 요즘 기업의 스마트폰과 관련한 전략들을 살펴보면 대부분 사장이 주도하는 경우가 많다. 어느 그룹의 총수는 이미 오래

전부터 트위터를 사용해왔고, 직원들과 트위터로 이야기를 하는 경우도 많다고 한다. 또 어떤 그룹에서는 그룹 회장이 전 그룹사의 기획 담당과 팀장을 불러 애플리케이션과 모바일 비즈니스에 대한 특별 세미나를 주최하기도 했다.

도대체 이 변화의 바람이 어디까지 불어갈까. 그리고 얼마나 많은 사람을 앱티즌으로 변화시킬까. 우리가 관심 있게 살펴보아야 하는 대목은 바로 이런 부분이다. 2010년을 시작하면서 미디어의 예상으로는 올해 안에 200만 명 이상이 스마트폰에 가입하고 애플리케이션을 이용할 것이라고 했다. 우리 사회의 총경제활동인구가 2700만 명이라는 점을 고려한다면 비즈니스 선두에 있는 사람들은 모두 스마트폰을 사용할 것이라는 추측이 가능하다.

교육의 문화를
바꾼다

기존 오프라인 교육 문화

교육이라는 부분을 광범위하게 해석한다면 인간이 살아가는 데
필요한 지식을 습득하는 과정이라고 할 수 있다. 학교라는 제도권
교육에서 배우는 것은 물론이고, 회사에서 배우는 교육도 중요한
교육에 해당된다. 그리고 회사를 벗어나 자기계발을 하고 가정을
꾸리고 유지하기 위해 교육에 투자하는 것도 모두 광의적 개념의
교육에 해당된다.

지금까지는 이러한 교육은 대부분 누군가가 준비하고 갖춰놓은
것이 대부분이었다. 학교를 보면 선생님이 준비한 것이 대부분이
다. 회사를 보면 일선에서 일하는 교육 담당자가 준비한다. 교육

담당자는 온라인 교육 또는 오프라인 교육, 즉 집합교육을 준비하지만 이런 모든 부분도 교육 담당자의 역량 안에서 설계된 것이 대부분이다. 교육 담당자들은 본인들이 알고 있는 한도 안에서만 설계하려고 하기 때문이다.

그리고 회사를 벗어나서 교육을 받으러 가는 학원이나 평생교육원들도 교육을 맡은 사람들의 역량과 범위를 벗어나기란 쉽지 않다. 전통적인 교육이란 이렇게 교육하는 사람들의 범위 안에 국한된 경우가 대부분이기 때문이다.

이러한 이유로 여기에는 적잖게 단점도 많았다. 사람들은 교육 설계자 혹은 선생들의 범위 안에서만 생각하고 사고할 수 있었으므로, 그 한계를 벗어나지 못했다. 따라서 배우지 못한 부분에 대한 트러블 슈팅이나 위기 상황에 대처하는 부분은 항상 취약했다고 해도 과언이 아니다.

그리고 기업에서는 이른바 T 자형 인재로 키우는 것을 당연하게 생각했는데, 여기에는 문제도 많았다. 제아무리 기업에서 T 자형 인재로 잘 길러진 수퍼급 인재라고 하더라도, 은퇴 후에 사회에 나와 무엇인가 새로 시작하고 적응해야 하는 상황에서 그들은 제대로 실력을 발휘하지 못하고 포기하거나 실패하는 경우가 많았기 때문이다. 이 모든 상황은 그들이 언밸런스한 인재로 키워졌음을 반증한다.

앱티즌이 만들어가는 교육 문화

앱티즌들이 배워가는 속도는 무섭다. 우선 시간적·공간적 제약을 받지 않는다. 어디를 가든지 스마트폰 하나만 있으면 해결되기 때문이다. 과거에는 시간에 갇혀 있고 공간에 갇혀 있고 스승에 갇혀 있다 보니, 시간을 벗어날 수도 없었고 공간을 뛰쳐나갈 수도 없었으며 스승이 가진 한계를 벗어나 새로운 것을 배울 수도 없었다. 하지만 이 모든 것이 스마트폰이라는 플랫폼에서 가능하게 되었다.

수많은 애플리케이션은 배움의 넓이를 상상보다 넓게 만들고 있다. 실제 우리가 접할 수 있는 애플리케이션은 15만 개 정도 된다고 본다. 그 많은 것을 제대로 접할 수도 없는 것이 현실이다. 그런데 애플리케이션의 종류를 보면 말 그대로 상상을 초월한다. 우리가 공부의 수단으로 기본적으로 생각할 수 있는 사전에서부터 책, 이미지, 동영상, 미디어의 뉴스 등 수없이 많은 애플리케이션을 바로 우리 손안에 가질 수 있기 때문이다.

마지막으로 애플리케이션을 이용하는 사람들의 속도도 문제다. 모바일 환경에서 빠르게 배움의 깊이와 넓이를 확장하다 보니 앱티즌 사이에서 지식이 확산되는 속도는 무척 빠르다. 앞에서 이야기한 유기적 연대성을 뒷받침해주는 반증이라고도 할 수 있다. 따라서 앱티즌 한 명이 지식과 정보를 습득하면 삽시간에 앱티즌 전체에 영향을 미칠 수 있는 상황이 된다.

이는 인터넷을 이용하던 네티즌과는 비교할 수도 없는 상황이며, 전통적 미디어가 매스미디어 환경에서 대중화를 이야기하던 것과는 아예 차원이 다르다.

앱티즌을 둘러싼 교육의 문화가 이렇게 빠르게 확산되고 있으므로 몇 가지 준비가 필요한 것도 사실이다. 우선 교육을 실시하는 선생님들과 교육 담당자의 경우, 서둘러 앱티즌이 될 필요가 있다. 앱티즌이 변화하는 속도를 감지해야만 향후 필요한 교육의 속도와 범위, 그리고 깊이를 파악할 수 있을 것이기 때문이다. 앱티즌은 지금까지의 세대와는 사뭇 다르다는 점을 인식해야 한다.

이들과 유기적 연대성을 형성할 필요도 있다. 지금 앱티즌은 유기적 연대성을 가지고 움직이기 때문에 기존 오프라인 리더십이나 기계적 연대성으로는 접근 자체가 불가능하기 때문이다.

교육 관련한 아이템을 가진 회사는 이제 사고방식도 바꿔야 한다. 지금 앱티즌들이 움직이는 속도와 배움의 깊이라면, 오프라인 형태에서 자료 · 정보 · 지식 · 지혜로 구분되었던 교육의 수준은 다르게 편성해야 할지 모른다.

　게다가 노동부에서 지정해주는 대로 교육공학에 입각한 제도적 교육이 아니라, 유연하고 재미있는 교육 아이템들이 대거 필요하다고 생각된다.

세대의 고정관념을
바꾼다

비앱티즌적 사고방식

우리 사회는 전통적으로 동양적인 사고방식에 입각해서 세대를 구분해왔다. 그리고 이 세대 구분 방식에 따라 사회적인 순서를 결정하는 것이 일반적인 방법이었다. 일상생활에서 자주 사용하는 '장유유서'와 같은 말은 세대를 나이 차이로 구분하는 방식이 우리 생활 깊숙이 들어와 있음을 보여준다. 이는 무척이나 오래된 사고방식이다. 그래서 오랫동안 우리는 이를 근거로 해서 서열을 만들고 이를 사회적으로 공인해서 사용하는 방식을 채택해왔다.

쉽게 말해, 우리 사회에서는 어디를 가나 형·동생 문화가 존재한다. 특수한 권력 집단에서도 뒤에 가서는 항상 나이순으로 권력

관계와 서열이 성립된다. 이것은 동양 사회가 가진 특수한 문화라고 볼 수 있다.

반면 서양의 세대 구분 방식은 어떤가. 서양은 근대적 합리성에 기초한 세대 구분 방식을 가지고 있다. 합리적인 관계가 서양의 관계를 지배한다. 동양인들처럼 장유유서로 권력관계가 형성되고 특수한 관계를 만드는 것이 아니라, 합리적으로 관계를 설정한다는 말이다. 나이에 얽매이고 혈연과 지연에 얽매이지 않다 보니, 창의적인 사고방식으로 본다면 서양의 문화가 훨씬 자유롭다고 느끼는 것은 지극히 자연스러운 일이다.

친구의 개념을 보면 동양과 서양은 극명하게 갈린다. 동양은 친구가 되려면 우선 나이가 같아야 하고, 그 밖에 동질감을 가질 수 있는 무엇을 가지고 있어야 한다. 반면 서양은 다르다. 나이를 떠나서 공통점이 하나라도 있으면 금세 친구가 된다.

물론 단점이 없는 것은 아니다. 서양에서는 동양적인 사고로 볼 때 경험이나 연륜보다는 항상 역동성과 같은 것을 선호한다. 하지만 지식이 복리로 쌓아져서 후세에 이르러 더 큰 지식이 된다는 것을 생각할 때는 동양이 서양보다 앞선 가치라고 생각된다.

서양과 동양의 문화는 이렇게 다르다. 재미있는 것은 어느 것이 좋다거나 나쁘다고 일축할 수 없다는 사실이다. 동양의 서열 관계는 동양의 문화를 구축하는 데 핵심적인 역할을 해왔고, 서양의 합리적 인간관계는 서양의 문화를 구축하는 데 중요한 역할을 해왔기 때문이다.

앱티즌이 보는 세대 구분 방식

앱티즌이 세대를 구분하는 방식을 이야기해보자. 우선 앱티즌은 세대를 구분할 때 장유유서로 구분하지는 않는다. 쉽게 말해, 인터넷에서 장유유서로 설정되는 나이에 맞는 권력 구조는 존재하지 않는다. 앱티즌은 네티슨의 이러한 사고방식을 그내로 계승한다. 또 앱티즌은 친구 관계도 자유롭게 설정한다. 나이는 중요하지 않다. 나와 비슷한 공통점이 있다면 바로 친구가 될 수 있다고 생각한다.

즉, 앱티즌의 세대 구분 방식은 그대로 서양의 합리성을 바탕으로 이루어져 있다고 볼 수 있다. 이러한 경향이 그대로 앱티즌에게 반영된 것은 전자적 의사소통 방식이 근대적 합리성을 바탕으로 이루어졌기 때문이다. 따라서 앱티즌의 세대 구분 방식은 동양의 사고방식을 선호하지 않는다.

앱티즌들이 사용하는 트위터라는 애플리케이션을 놓고 생각해보자. 트위터에서는 'Follow'라는 개념이 있다. 나와 비슷한 성향을 가진 사람이라면 쉽게 'Follow' 하려고 한다. 금세 친구가 된다는 말이다. 물론 그 관계는 스마트폰이 만든 가상공간 안에서 친구가 되는 것이 분명하다. 하지만 인간은 이제 가상공간을 현실 공간처럼 느끼고 이를 통해 행복이나 좌절을 느껴 자살까지 이르는 사태가 발생하기도 한다. 인간은 커뮤니케이션, 즉 의사소통을 통해 자아실현을 한다는 점을 고려할 때 충분히 이해할 수 있는 점이다.

전 세계적
공통의 문화를 만든다

우물 안 개구리 상황을 종료한다

필자는 이 글을 마무리하기 위해 파리에 도착했다. 첫날 파리 드골 공항에 도착해서 파리 시내에 짐을 풀고 저녁을 먹으려고 한 카페에 들어갔다. 그런데 재미있는 현상이 눈에 띄었다. 파리 시민들이 나와 똑같은 스마트폰인 아이폰을 가지고 이야기를 나누는 모습이었다. 그들은 30대 초반쯤으로 보였는데, 넷 중에서 둘이 아이폰을 가지고 있는 것 같았다. 이들은 가지고 있는 애플리케이션이 신기한 듯이, 서로에게 자랑해가면서 애플리케이션의 위력을 보여주고 있었다. 이런 광경이 내게는 매우 익숙했다. 순간 내가 파리에 와 있는 것인지, 아니면 서울의 한 카페에 앉아 있는 것인

""

지 착각할 정도였다.

장자는 "우물 안의 개구리는 공간에 갇혀 있기 때문에 외부 세상을 모르고, 매미는 시간에 갇혀 있기 때문에 겨울을 모른다"라는 말을 남겼다. 솔직히 우리가 외부와 단절된 우물 안 개구리와 같다는 생각을 참 많이 하고 살았다. 우리가 가진 문화적·언어적 특수성이 그런 생각을 하게 했는지도 모른다. 어쨌든 우리는 아직 외부 세상을 잘 모른다고 생각해왔다.

하지만 요즘에는 다른 생각이 든다. 아직까지도 우물 안 개구리의 상황을 벗어나지는 못한 것 같지만, 우물 안 개구리에게 외부 세상을 볼 수 있는 잠망경이 주어졌거나, 우물 안에 외부 세상을 볼 수 있는 텔레비전이 설치되었거나, 외부 세상에서 일어나는 일이 전혀 외부에서 일어난 일처럼 느껴지지 않는 세상이 된 듯한 착각이 든다. 그래서 내가 입고 있는 옷, 내가 하는 행동, 내가 사용하는 도구들이 외부 세상에서 그대로 사용되는 것을 보면서 우리가 지금 살고 있는 세상은 더 이상 우물 안 개구리로 비유될 상황이 아니라는 생각이 들었다.

애플리케이션으로 통합된 글로벌

애플리케이션은 전 세계를 하나로 통합하는 힘을 가지고 있다. 전 세계 어디를 가나 동일한 스마트폰에서 동일한 애플리케이션을 구동할 수 있게 되었다. 이렇게 하나의 코드로 이루어진 도구를 사용한다는 것은 그 도구를 사용하는 이들을 자연스럽게 하나의 문화로 통합하는 바탕을 제공한다.

사실, 앱티즌에게는 국적이 그다지 중요하지 않다. 앱티즌이 되는 순간, '글로벌 앱티즌'이 되고 만다. 서울에 사는 사람이나 파리에 사는 사람이나 별반 차이가 없다. 사용하는 도구도 동일하다. 커뮤니케이션 하는 방식도 동일하며, 외부 환경에 대해 반응하는 것도 역시 동일하다. 또 사이버공간에서 만나더라노, 내가 파리에 있는지 서울에 있는지는 파악하기 힘들다.

또 앱티즌에게는 남성과 여성의 차별이 존재하지 않는다. 유니섹스 문화가 가능하다는 말이다. 앱티즌은 가상공간에서 대화하고 커뮤니케이션 하는 것이 보통이다. 따라서 여기에서 남녀의 차이를 만들고 여성성 혹은 남성성을 가지고 갑론을박할 필요가 없다. 그저 앱티즌이라는 사실 하나로 모든 대화의 조건이 완성된다.

물론 그동안 글로벌 에티켓과 문화가 존재하지 않았던 것은 아니다. 그런 것은 엄연히 존재하고 지금도 오프라인에서는 대인 관계에서 매우 중요한 요소로 꼽힌다. 하지만 앱티즌에게는 나름대로 별도의 문화 코드가 존재한다. 그리고 이 문화 코드는 한국 사회에 맞는 것만이 아니라, 프랑스 파리에서도 적용이 되고 미국 뉴욕에서도 적용되는 것이다. 사실 인류는 이러한 순간을 기다려왔다. 교통과 통신이 발달하면서 어떻게 하면 전 세계적인 공통의 문화를 만들 것인지를 고민하고 노력해왔다. 노력의 결과라고 봐야할까. 이제야 비로소 그 패턴들이 완성되어가는 셈이다.

모바일 비즈니스 구조를 바꾼다

하드웨어 중심의 모바일 비즈니스

우리는 대한민국을 'IT 강국'이라고 부른다. 초고속 인터넷을 어느 곳에서든지 즐길 수 있는 환경이 우리 사회 전역에 조성되어 있기 때문이다. 유선뿐만 아니라 무선 인터넷 환경도 완벽하게 구축되어 있다. 심지어 시속 100킬로미터 이상으로 달리면서도 와이브로를 끊김 없이 이용할 수 있고, 지하철 안에서도 DMB 방송을 시청할 수 있으며, 화상 통화 기능이 휴대폰의 기본 옵션에 속할 정도로 빠르게 성장하는 인프라를 가지고 있다.

휴대폰의 발전 속도도 엄청 빠르다. 국산 휴대폰은 이미 세계 정상 수준에 올랐다. 최고 사양의 LCD 패널을 부착하고 가장 빠른 CPU에, 가장 용량이 큰 메모리까지 탑재해서 그야말로 세계 최강이다. 그래서 삼성과 LG 휴대폰은 전 세계에서도 점유율 상위권을 차지하면서 글로벌 마켓에서 계속 승전보를 전해오고 있다.

한국이 모바일 비즈니스에서 잘해온 일들은 바로 이런 것이다. 세계에서 가장 빠른 광통신망을 깔아서 어떤 콘텐츠라도 빠른 시간 안에 전달할 수 있는 능력, 하다못해 1기가바이트짜리 영화 한 편을 전송한다고 해도 1분이 걸리지 않는 세상을 만들 수 있는 것은 전 세계에서 한국뿐이다. 혹자는 이런 일이 가능한 것은 '빠른' 문화를 가지고 있었기 때문이라고 말한다. 매일 반복해서 빠르게 움직이다 보니, 어떤 비즈니스를 하더라도 빠르게 하는 것이 가장 좋다고 여긴다는 말이다. 빠른 문화의 장점이 있었기에 IT 강국으로서의 면모를 갖추게 되었다고 설명한다.

그리고 우리가 그 어떤 휴대폰보다 빠르고 밝고 용량이 큰 휴대폰 하드웨어를 만들 수 있었던 것 역시 한국 특유의 체면 문화가 이와 같은 일을 해내도록 작용했다고 말하는 사람들도 있다.

결국 우리에게 모바일 비즈니스의 문화는 하드웨어 중심으로 설계되었다고 볼 수 있다. 하드웨어만큼은 가장 잘 만들 수 있고, 그래서 그것이 곧 IT 강국의 경쟁력이라고 믿어왔던 셈이다.

콘텐츠 중심과 사용자 중심의 모바일 비즈니스

2008년 10월, 우리 사회에 드디어 많은 앱티즌이 기다리던 아이폰이 공개되었다. 실제 아이폰은 KT에서 들여왔는데, 수많은 네티즌이 삽시간에 수많은 가입자로 돌변해버렸다. 사실, 이것은 SKT에게는 일종의 사건으로 다가왔다. '다음 달 폰'으로 불리며 언제 도입될지 몰랐던 아이폰이 들어오자, 네티즌들은 갑자기 앱티즌으로 돌변하면서 아이폰을 서둘러 구매하고 나섰다. SKT로서는 당황스러운 일이었을 것이다.

사실, 통신업계 관계자에게 이야기를 들어보면 우리 사회에서 아이폰에 대한 관심이 이렇게 강할 줄은 몰랐다고 한다. 분명 아이폰을 들여오는 KT나 그 상황을 지켜보고 있던 SKT나 그 상황을 예측하지 못했을 것이라는 추측이 가능하다.

하지만 앱티즌은 여기서 우리 사회 문화를 바꾸기 시작했다. 지금까지 모바일 비즈니스에서는 하드웨어와 기반 설비가 중요하다는 의식을 앱티즌들이 바꾸기 시작했다는 말이다. 쉽게 말해, 통신업계에서는 아이폰이 가진 애플리케이션 15만 개보다는 삼성과 LG가 만들고 있는 넓은 LCD 패널과 빠른 CPU, 그리고 대용량 배터리 등이 더 우월할 것이라고 믿었다는 말이다. 하지만 앱티즌들은 반대로 하드웨어가 아닌 애플리케이션에 가산점을 주며 시장의 이동이 발생한 셈이다. 결국 SKT는 정책을 대거 수정해서 안드로이드폰을 대량 투입하겠다는 일대 모바일 비즈니스 전쟁을 시작했다.

결국 앱티즌이 시장을 선도하는 방향은 콘텐츠 중심과 사용자 중심의 비즈니스 모델이다. 기존에 우리가 모바일 비즈니스를 추구하던 방식은 콘텐츠 중심이 아니라 하드웨어 중심이었고, 이는 사용자 중심이 아니라 공급자 위주의 생산 결과물이었다. 이만큼 만들면 사용자들은 충분히 만족하고 구매할 것이라는 상황 판단의 오류와 오만이 존재했다는 말이다.

이와 같은 현상은 휴대폰 제조업체에만 국한되는 문제가 아니게 되었다. 사실, 그동안 국내 시장의 문화는 모바일 비즈니스를 위한 어떤 콘텐츠도 만들지 않았다. 앱티즌이 생겨나 모바일 비즈니스의 방향을 선도하면서 이제 관련한 모든 회사의 방향이 결정된 것이다.

다시 말해, 지금은 모바일 비즈니스를 위한 콘텐츠를 열심히 만들고 있다. 그것이 바로 애플리케이션이다. 앞으로 국내 애플리케이션이 대거 등장할 것으로 기대하면서 우리는 앱티즌이 또 어떤 세상을 만나게 될지 궁금해진다.

지식의 구조를
바꾼다

자료, 정보, 지식, 지혜

필자는 2009년 12월에 출간된 《밸런스 독서법》에서 지식의 구조를 이야기하면서 지식은 체계적으로 자료·정보·지식·지혜로 구성되어 있다고 설명했다. 1만 개의 자료 중에서 1000개의 정보를 구할 수 있고, 그중에서 100개의 지식을 발견해낼 수 있으며, 마지막으로 지혜는 10개 정도를 구할 수 있다는 말이다. 물론 이것은 피상적으로 표현한 것일 뿐 곧이곧대로 적용되는 것은 아니다. 그런데 이 개념은 독서를 해야 하는 사람이라면 반드시 알아야 하는 기본에 속한다. 본인이 읽고 있는 책이 어느 위치에 있는지 알아야 하고, 그 책을 통해 무엇을 배울 것인지가 확실해야만 하기 때문이다.

그런데 지식의 체계에서 두 가지 고려해야 할 사항이 있다. 먼저 '지식'이란 선대에서 후대에 물려주는 유산과 같아서 복리로 쌓아진다는 장점이 있다는 점이다. 쉽게 말해, 우리가 현대에 와서 휴대폰과 컴퓨터 등을 만들 수 있었던 것은 이미 과거에 관련한 수많은 기초과학이 개발되었기 때문이다. 이것이 앞서 우리가 이야기했던 언어와 문자의 탄생으로 가능했다는 것은 반드시 기억할 필요가 있다. 언어가 생겨나고 문자로 기록되면서 선대에서 후대로 전해 내려왔다.

두 번째로 생각해볼 것은 지식은 후대에 전해줄 수 있는 유산이지만, 지혜는 복리로 쌓아져서 전해지는 것은 아니라는 점이다. 이 내용도 어렵지 않게 이해할 수 있다. 만약 지혜가 복리로 쌓아져서 후대에 전해질 수 있다면, 우리는 세대보다 더 똑똑하고 지혜로워야 한다. 하지만 결과적으로 보면 그렇지 않다는 것은 쉽게 알 수 있는 부분이다.

이렇게 두 가지 특성이 지식 체계에서 드러나는 것, 그리고 자료 · 정보 · 지식 · 지혜라고 지식 체계가 구성된다는 것은 이미 전통 사회에서부터 전해 내려오는 삶의 방식이자 지식의 근간을 이룬다. 하지만 이것 또한 앱티즌이 등장하면서 변화하기 시작한다.

앱티즌이 만드는 새로운 지식의 체계

고전적인 지식의 체계, 자료·정보·지식·지혜로 지식 체계를 생각한다면, 우리 사회 포털사이트에 있는 '지식인'이라는 서비스는 이해되지 않는 부분이 있다. 다시 말해, '지식인' 서비스에서 제공하는 '지식'은 지식이 아니라, 자료와 정보에 해당된다는 말이다. 그럼에도 많은 사람이 이것을 지식이라고 생각한다.

하지만 이러한 현상은 한 포털사이트가 만든 착시 현상이 아니다. 학제적으로 설명한다면 이미 언어와 문자라는 체계가 발달하면서 인류는 문화 전승의 도구를 갖게 되었지만, 전자적 의사소통의 도구가 생겨나면서 모든 지식이 디지털화·시각화되었다.

그런데 전자적 의사소통은 문화를 전승하는 언어가 아니라, 기능적·조작적·생산적·소모적인 언어다. 모든 것을 순서대로 이해하고 은유적으로 해석하려고 하는 것이 아니라, 무조건 빠르게 이해하려고만 한다. 직선적인 의사소통만 하려고 하기 때문이다. 따라서 이 모든 효과는 문화를 계승하게 하지 않고 과잉 현실로 이루어진 세계만을 만들어내려고 한다. 다시 말해, 하나의 포털사이트가 마케팅을 잘해서 그런 현상이 벌어진 것이 아니라, 세상이 디지털화되기 때문에 자료와 정보를 단순히 지식이라고 이해하는 현상이 벌어진다는 말이다. 예를 들어, 도서 요약본의 경우를 보자. 책 한 권을 읽고 이해하려면 저자의 수많은 지적 상상력의 정보를 받아들여야만 한다. 하지만 사람들은 정보를 그렇게 받아들이지 않는다. 요약된 내용만 읽고 저자의 지식을 가졌다고 착각하는 셈이다.

앱티즌의 세상이 적극적으로 다가오면서 지식 습득의 과정을 본다면 이것은 인류에게 일대 위기에 해당된다. 자료와 정보만으로 많은 사람이 지식을 가졌다고 오인하고, 또 이 얇은 지식으로 세상을 제대로 읽어내고 있다고 판단하고 자기 나름의 주장을 편다. 그리고 이러한 현상은 반복적으로 일어나게 될 것이다.

하지만 그렇다고 해서 그것이 나쁘다고 치부할 수만은 없다. 세상이 그렇게 변화해간다면 그것이 그 시대에는 맞는 방법이기 때문이다. 하지만 지금까지의 세상이 그러했듯이, 누구는 이 방향으로 가려고 주장하더라도 항상 또 다른 누구는 다른 방향으로 가려고 노력하는 것이 세상이다. 그래야만 세상에도 균형이 생긴다.

권력의 구조를
바꾼다

전통적인 권력 구조

인류의 역사는 통제하고 통제당하는 역사의 순환이었다. 인류가 집단생활을 영위하면서 집단을 한 방향으로 이끌어가기 위해서는 통제란 불가피한 권력 구조의 산물이었다. 여기에서 더 발전하여 국가의 개념이 생겨나고 국가는 대중을 통제하고 통솔하기 위한 여러 가지 방법을 고안한다. 그리고 교통과 통신 기술이 동시에 발전했다.

결국 이러한 배경으로 대중화를 위한 미디어가 고안되었다. 어떻게 하면 많은 사람에게 메시지를 전달할 수 있을 것인지에 대한 연구는 이때부터 계속된 셈이다.

사실, 우리가 관념적으로 인지하고 있는 권력 구조는 이때의 대중사회와 크게 다르지 않다. 대중사회에서 대중은 언제나 억압받는 존재이고 통제당해야 하는 존재로 인식되었기 때문이다. 그래서 미디어를 통한 권력 구조의 설득, 그리고 대중을 통제하려는 매스미디어의 발달이 그렇게 반갑게 여겨지지 않았다.

한편, 권력 구조는 국내적인 상황에만 머무르는 것이 아니다. 지구촌에 수없이 많은 나라가 존재하므로, 무역과 통상, 그리고 각 나라의 화폐가 교환되려면 글로벌 단위의 전략과 통제도 필요했다. 그래서 선진국, 후진국 혹은 개발도상국이라는 이름으로 각각 자리매김되어 있는 나라들이 서로 관계를 맺고 위계질서를 형성해가면서 인류가 살아가는 틀을 만들었다. 그리고 국내외적으로 대중사회가 발전하면서 동시에 국제적으로는 전 세계 기축통화로서 미국의 달러가 자리매김하게 되었고, UN과 IMF, 그리고 IBRD 등 필요한 국제기구들이 생겨난 것이라고 보면 된다.

결국 인간이 살아가는 세상에서 권력 구조라는 것은 피할 수 있는 개념이 아니었다. 인간 세상에서 권력 구조가 없어지고, 대중이 해체되고, 모든 것이 개인화된다는 개념은 이상적으로만 가능할 뿐이다. 사실, 누구나 통제받는 것은 싫어한다. 따라서 너무나 적극적인 통제는 항상 부작용을 일으키게 된다.

앱티즌이 만들어가는 권력 구조

인터넷이 더욱 발달하고 정보가 공개되면서 전통적인 권력 구조, 즉 누구는 통제하고 또 누구는 통제당해야만 하는 상황은 올바른 것이 아니라는 인식을 하게 된다. 왜냐하면 인터넷은 기본적으로 개방된 구조를 가지고 있어서, 인터넷을 통해서는 의견이 다른 소수의 집단과 연결하거나 분리하는 것이 가능해졌기 때문이다. 이러한 인터넷 연결망은 기본적으로 전통적인 권력 구조와는 반대로 작용하려고 한다. 전통적인 권력 구조 안에서는 통제하려는 욕구와 통제에서 벗어나려는 욕구가 있었다. 하지만 통제에서 벗어나려고 해도 현실에서 벗어날 수 있는 상황이 아니라는 것을 우리는 너무나도 잘 안다.

인터넷 연결망에서는 다르다. 우리는 자유롭게 개인들과 연결고리를 만들 수 있고, 가상공간 안에서 새로운 집단을 만들 수도 있다. 이것은 통제적인 문화가 아니라, 특정한 이익집단끼리의 커뮤니케이션이기 때문이다. 재미있는 것은, 이러한 탈권력 구조적인 커뮤니케이션 행위가 인터넷을 사용하는 젊은 층을 중심으로 이루어진다는 점이다.

사실, 인터넷 세대의 이와 같은 현상을 앱티즌이 그대로 계승하고 있다고 볼 수 있다. 앱티즌은 새로운 공동체, 즉 통합된 지구촌

공동체로서 마치 새로운 부족을 만드는 것과 같은 효과를 낸다. 지금까지와는 다른 권력 구조의 재편을 꿈꾸는 셈이다.

거듭 말하지만 앱티즌은 이미 모바일 세대이기 때문에 시간과 장소의 제약을 받지 않는다. 물론 처음에는 인터넷도 시간과 장소에 제약을 받지 않는다고 설명되었다. 하지만 인터넷이 되는 컴퓨터가 있어야 하기 때문에 장소적 제약을 받았고, 그 장소로 이동해야 했기 때문에 시간적 제약을 받았던 것이 사실이다. 그러나 앱티즌에게는 더 이상 이 모든 제약이 없다. 앱티즌은 길거리에서도 사무실에서도 동일한 애플리케이션으로 대화할 수 있고 커뮤니티를 조성할 수도 있게 되었다. 따라서 앱티즌이 가져올 탈권력 구조의 현상은 더욱 거세어질 것이 분명해 보인다.

그러나 모든 개인이 그렇듯이, 탈권력 구조만이 행복한 행위라고 생각하지는 않는다. 인간은 소속감을 누리기를 원하고, 의사소통을 통해 자아실현을 하기를 원한다. 이 욕구는 가장 기본적인 욕구에 속한다. 따라서 가상현실에서는 탈권력 구조의 자유를 누리고, 현실 세계에서는 권력의 통제를 받는 삶이 반복되는 셈이다. 영화 〈아바타〉의 상황과 크게 다르지 않다는 말이다.

앱티즌 시대 성공 법칙

* * * * * * *

문제의 핵심부터
파악하라

스마트폰의 시작과 앱스토어의 등장

과거에 스마트폰을 사용했던 독자들은 스마트폰이 매우 불편한 물건이었다는 것을 기억하고 있을지 모른다. 전화를 거는 기능이 존재하기는 했지만, 그렇게 편안한 인터페이스였다고 기억되지는 않는다. 또 스마트폰 안에 들어 있는 애플리케이션들은 조작하기도 불편하고 조악했다. 그래서 최근 아이폰을 비롯해 스마트폰이 다시 등장했을 때, 과거의 스마트폰을 떠올린 사람들도 적잖을 것이다. 스마트폰이 대세라고 아무리 미디어에서 보도를 해도, 도대체 이 도구를 사야 하는지 말아야 하는지 망설이는 사람도 한둘이 아닐 것 같다.

하지만 세상이 변했다. 스마트폰은 우리가 관심을 갖지 않았던 사이에 비약적으로 발전해버렸다. 과거와는 다른 모습으로 새롭게 등장한 셈이다. 하지만 이 책은 처음부터 애플리케이션에 대한 이야기로 시작했다. 스마트폰이 비약적으로 발전해서 그것이 마치 핵심인 것 같지만, 핵심은 그것이 아니었기 때문이다.

물론 필자는 애플리케이션을 사용하는 앱티즌을 설명하려고 스마트폰을 이야기하고 앱스토어를 이야기했다. 이 모든 것의 시작은 스티브 잡스의 애플이 만들어놓은 토대에서 시작되었다는 것에 모두 공감하기 때문이다. 애플이 만든 모바일 플랫폼으로 아이폰을 공급하고 앱스토어라는 오픈마켓을 만들어 우리가 살고 있는 세상을 더 재미있게 만들어놓은 것, 그리고 이 세상이 확실하게 변화해가고 있음에 대해서는 이의를 제기하기 힘들다. 이것은 그동안 휴대폰 제조업체 혹은 이동 통신사 중심으로 살아왔던 우리에게 소비자 중심, 즉 앱티즌 중심으로 모바일 비즈니스 세상이 만들어질 수 있다는 사실을 가르쳐주었다.

사실, 생각해볼수록 지금 변화하고 있는 양상과 그 위력이 엄청나서 단순한 모바일 비즈니스라고 하기에도 두렵다. 이미 비즈니스를 넘어서 문화를 바꾸기 시작했고, 이것은 전 지구적 현상이 되고 말았다. 또 여기에 '앱티즌'이라는 세대가 생겨나서 새로운 부족주의를 만들고 새로운 권력 구조를 창조하고 있음을 확인할 수 있기 때문이다.

갈 길을 모르는 우리 사회의 모든 미디어가 스티브 잡스와 그가 만든 애플 세상에 주목하고 있다. 미디어에서는 연일 스티브 잡스에 대해 보도하고, 서점에도 스티브 잡스를 따라 하자는 책이 쏟아져 나온다. 하다못해 스티브 잡스의 이메일이라도 알아내려고 애쓰는 사람도 많다. 어떻게 해서든지 스티브 잡스와 연결해서 무엇인가 해보려고 한다. 하지만 왠지 모르게 이 모든 비즈니스의 핵심은 스티브 잡스가 아니라는 생각이 든다.

스티브 잡스가 아니라 앱티즌이 문제다

모든 시작에 애플 CEO인 스티브 잡스는 대표 아이콘처럼 자리하고 있다. 애플을 대표하는 인물로 지금 아이폰의 신화와 앱스토어를 만든 장본인이 전 세계적인 현상을 만들어낸 신화로 기억되는 것은 충분히 이해할 만하다.

하지만 스티브 잡스가 문제가 아니라, 아이폰이 문제가 아니라, 앱스토어가 문제이고, 앱스토어를 사용하고 있는 앱티즌이 가장 큰 이슈가 되어야 한다. 이 책에서 끊임없이 이야기하고 있는 것처럼, 앱티즌이 바로 문제의 핵심이다.

아이폰을 둘러싼 모바일 비즈니스를 다시 살펴보자. 솔직히 앞으로 애플이 극복해야 할 문제는 만만찮다. 이미 구글의 안드로이드를 선두로 해서 애플 반대 진영의 앱스토어가 개설되기 시작했기 때문이다. 국내에서도 이미 안드로이드폰이 판매되기 시작했다. 게다가 애플 앱스토어에 애플리케이션을 올리는 개발자들에게 동일한 애플리케이션을 다른 플랫폼에 적용시켜서 올리는 것은 그리 어려운 일이 아니다. 애플의 앱스토어가 전 세계적으로 독주하지는 못할 것이라는 예상이 바로 여기에서 나온다.

앱스토어에 대한 위기는 또 있다. 매년 바르셀로니에서 GSMA가 주도하는 '모바일 월드 콘그레스 2010'이 개막되었다. 이 자리에는 모바일 통신기기 제조사들이 제품을 출시해서 저마다 기술을 자랑한다. 그런데 전자신문 《버즈리포트》에 따르면, 여기에서 삼성전자, LG전자, 소니 에릭슨이 후원하고 보다폰, AT&T, 버라이존, 스프린트, 차이나 모바일, NTT 도코모, 텔레포니카, 도이치 텔레콤 등 세계 유수의 이동 통신사들과 우리나라의 SKT, KT 등 24개 기업이 참여한 홀세일 앱 커뮤니티(Wholesale App Community : WAC)가 결성되었다는 소식이다.

한마디로 WAC는 애플에 대항하기 위해 그들만의 플랫폼에서 모바일 애플리케이션이 자유롭게 판매되고 공유될 수 있도록 만들겠다는 말이다. 애플과는 한번 전면전을 펼쳐보자는 셈이다. 흥미로운 것은, 애플만 제외된 것이 아니라 안드로이드에 집중하고 있는 모토로라도 빠져 있다는 점이다. 전 세계 시장으로 볼 때, 1위와 2위 업체를 제외하고 대부분이 집결했다고 볼 수 있다.

이 말은 하드웨어가 아닌 애플리케이션을 판매하는 플랫폼이 가장 중요하다는 말이고, 가능하면 많은 사용자, 즉 앱티즌을 보유하는 것이 가장 성공하는 핵심이라는 것을 그들이 알고 있다는 설명이 된다. 따라서 앱티즌이 문제라는 점을 기억해야 한다.

필자는 애플이 가장 먼저 이 사실을 알았고, 안드로이드를 개발한 구글은 두 번째로 이 사실을 알았다고 생각한다. 하지만 계속 하드웨어의 성능이 중요하다고 주장했던 우리 기업들은 이 사실을 몰랐다. 당연히 휴대폰의 성능과 스마트폰의 사양만 높이면 된다고 생각해왔다. 그러나 생각해보면, 좋은 학교를 나와서 좋은 성적에, 좋은 집안에, 좋은 외모를 가지고 있다고 해서 인재가 아니고, 조금 부족하더라도 많은 경험과 콘텐츠를 가지고 있는 사람이 이 시대에 인재로 인정받는다. 휴대폰도 스마트폰도 마찬가지다. 왜 우리는 이것을 생각하지 못했을까 아쉽기만 하다.

커뮤니케이션을
공부하라

커뮤니케이션 지식이 없는 해외 사업 진출

CBS 기사에 다음과 같은 내용이 보도되었다. "국내 소셜 네트워크 서비스(SNS)의 강자인 SK 커뮤니케이션즈의 싸이월드 일본판이 2009년 8월 문을 닫았다." 한때 우리 사회의 대표 코드로 자리 잡았던 싸이월드는 지난 2005년 말 일본 시장에 진출했다가 시장을 선점하고 있던 토종 업체들의 벽을 결국 넘지 못하고 4년 만에 사업을 접게 되었다는 내용이다. 이뿐만이 아니다. 포털사이트인 '다음'도 지난 3월 일본에 진출한 법인인 '타온'을 정리했다. 2004년 일본의 이동 통신, 통신망 사업자인 파워드컴과 합작해 커뮤니티 포털 '카페스타'를 열어 UCC 기반의 멀티미디어 블로그 서비스 등을 제공해왔지만 결국 폐쇄할 수밖에 없었다. 인터넷 뉴스 사이트 '오마이뉴스'도 비슷한 시기에 일본에서 철수했다. 한국에서와 마찬가지로 '모든 시민은 기자'라는 슬로건을 내걸고 시민 기자의 기사를 받아왔지만 참여율 저조로 3년이 안 되어 사업을 포기한 것이라고 한다.

이런 기사를 대할 때 우리나라에서 성공한 기업이 외국에 나가서 실패하는 것은 그럴 수도 있다고 생각하거나 주도면밀하게 사업 타당성을 조사하지 못해서 실패했다고 생각할 수도 있겠다. 물론 그렇다. 하지만 왜 그들이 실패하고 사업을 철수할 수밖에 없었는지에 대해서는 더 깊이 살펴볼 필요가 있다.

사업의 특성상 밝혀지지 않은 경영상의 문제를 제외한다면, 분명히 실패 원인은 우리나라 문화와 일본 문화가 다르다는 점을 간과했기 때문이라고 볼 수 있다. '싸이월드'의 경우에는 미국에서도 실패한 경험이 있다. 이는 미국과 마찬가지로 일본에서도 우리나라의 1촌 개념이 없기 때문이다. 당연히 아이템의 개념 성립이 안 되고 사업 역시 성공하기에는 어려움이 있었을 것이라는 추측을 해볼 수 있다. 우리나라에서 1촌이라는 개념이 주는 의미는 뭔가 특별하고 긴밀한 관계를 의미하는 반면 외국 문화에서는 범용적이지만 개인적인 거리를 유지하는 것이 더 편한 인간관계다.

이렇게 커뮤니케이션 관련 지식이 없어 사업에 실패하거나 어려움을 겪는 경우는 너무나도 많다. 왜냐하면 커뮤니케이션은 통신 기술의 발달에 따라 발전되어온 학문이지만, 커뮤니케이션을 통제하겠다고 기술과 기능만 늘려서는 그것을 통제할 수 없기 때문이다. 하지만 사업자들 대부분은 제품의 기능이 좋으면 사람들을 통제할 수 있다고 믿는 것 같다. 물론 대중사회에서는 가능했을지도 모른다. 하지만 대중사회는 이미 지나가고 없다. 이제 사회는 유기적 연대성을 가진 앱티즌의 사회가 되었다. 우리가 기본으로 돌아가 커뮤니케이션을 공부해야 하는 이유가 바로 여기에 있다.

커뮤니케이션에서 해답을 찾으라

모든 문제에는 해답이 있는 법이다. 간혹 해답을 찾기 어려운 경우가 없는 것은 아니지만, 꾸준히 노력하는 자에게 해답은 항상 열려 있었다. 이번 문제에도 마찬가지로 해답은 존재한다. 애플의 아이폰이 대공세를 펼쳐오고, 구글의 안드로이드 운영체제를 갖춘 스마트폰마저 돌격 태세를 갖추었다. 전 세계 애플리케이션 개발자들은 대부분 이 두 개의 플랫폼만을 생각하고 있다. 어디를 둘러봐도 좋은 신호는 보이지도 않고, 그야말로 안개 속이다.

하지만 우리는 이미 많은 이야기를 해왔다. 우선, 스마트폰에

설치되어 있는 수많은 애플리케이션을 사용하는 사람들을 앱티즌
이라고 정의하면서 과거의 네티즌과는 다른 성향이 있음을 이야기
했다. 또 이 앱티즌은 갑자기 혜성처럼 나타난 존재가 아니라 세계
화 과정에서 오랜 시간에 걸쳐 만들어졌음을 알 수 있었다. 인류의
오랜 숙원이 현실이 되고 있는 것이라는 인문적 배경도 살펴봤다.

다시 말해, 세계화라는 거대 담론뿐만 아니라 커뮤니케이션 차
원에서도 설명이 가능했다. 기계적 연대성을 가진 사회에서 유기
적 연대성을 가진 사회로 이동하는 것이 자연스러운 발전 양상이
며, 여기에 앱티즌은 가장 잘 들어맞는 캐릭터라는 것도 설명했
다. 또한 앱티즌의 10가지 스타일과 앱티즌이 미래를 바꾸어갈 패
러다임 7가지에 대해서도 살펴보았다.

이제껏 앱티즌에 중점을 두어 설명했던 이유는 모든 현상의 중
심에 바로 앱티즌이 존재하기 때문이다. 아직까지도 기술은 문화
를 만들어낼 수 없다. 또 인간을 대신할 수 있는 것도 아니다. 기술
은 아직까지 기술일 뿐이다. 그럼에도 대부분 회사가 기술 중심 비
즈니스를 펼치고 있는 것은 안타까운 현실이다.

아직 늦지 않았다. 기술 중심 비즈니스를 버리고, 인간 중심 비
즈니스를 펼쳐야 한다. 공급자 중심 비즈니스가 아니라, 고객 중
심 비즈니스가 되어야 한다는 말이다. 어디선가 많이 들어본 말이

아니던가. 원래 모든 것은 기본으로 통하지만, 그 기본을 설명하고자 이렇게 먼 곳을 돌아 설명된다는 사실이 놀랍지 않은가.

기술이 문화를 넘어서지 못한다는 것을 싸이월드와 다음이 일본에서 실패한 것으로 알 수 있다. 커뮤니케이션을 공부하지 않아서 실패한 경험이 더 많이 있음에도, 우리는 커뮤니케이션 분야를 제대로 공부한 적이 없다.

마찬가지로, 지금 아이폰을 비롯한 스마트폰과 앱스토어 플랫폼 리더십 전쟁, 그리고 수많은 애플리케이션에 가려서 이 모든 중심에 있는 '인간'을 보지 못하는 것은 큰 실수를 저지르는 것이다. 이 모든 일은 인간 중심으로 만들어졌고, 인간이 사용하려고 만들어낸 도구라는 점을 인식하고, 앞으로 모든 것을 인간이 주도해갈 것임을 인정하고 나면 기능과 기술이 아닌 인간이 보일 것 같다.

따라서 우리가 적극적으로 해답을 찾고 있다면, 먼저 인간을 봐야 한다. 그리고 그 중심에서 앱티즌을 읽고, 앱티즌이 행동하고 생각하는 방향을 알기 위해 커뮤니케이션에 집중할 필요가 있다. 기본으로 돌아가야 한다는 말이다.

천천히 준비하고
빠르게 석권하라

스티브 잡스의 아이패드

2010년 1월 27일, 사람들의 기대 속에 맥월드가 다시 열렸다. 그리고 그곳에서 스티브 잡스는 여느 때와 똑같은 차림으로 나와서 새로운 제품의 출시를 선언했다. 바로 '아이패드'였다. 아이패드가 출시된다는 소문이 미디어를 통해 전달된 것은 2009년 연말부터였다. 뭔가 새로운 '놈'이 나타날 것인데 이름은 아이패드일 가능성이 높으며, 아이패드에서는 동영상과 텍스트의 전환, 그리고 와이파이와 와이브로가 연동되어 이동이 간편할 것이라는 예측까지 나돌았다. 스티브 잡스가 어떻게 생긴 단말기를 내놓을 것인지는 미디어와 애플 마니아들에게 초미의 관심사였다. 오죽하면 아이패드의 실제 모습을 미리 예견하는 사람이 있다면 현상금 1억 원을 주겠다는 해프닝이 벌어졌겠는가.

아이패드가 출시된 다음 국내에서는 크게 두 가지 반응이 나왔다. 하나는 그동안 우리 사회에서 준비해온 이북(e-Book)의 향방이 어떻게 되느냐 하는 문제였다. 지금까지 우리 사회에서 준비하고 있던 이북은 아마존의 킨들을 벤치마킹 해서 동영상 지원이 되지 않는 스크린에 텍스트 중심으로 이루어졌기 때문이다.

하지만 이것은 아이패드가 지원하는 동영상과 텍스트, 그리고 이미지의 제공이 자유로운 플랫폼과는 너무나 큰 차이가 있었다. 그래서 아이패드가 등장하면서 이북의 향방이 갈팡질팡하는 상태인 것 같다. 예를 들어, 삼성전자에서 2010년 2월 2일, 6인치 와이파이를 탑재한 이북 신제품(SNE-60/60K)을 출시했다. 2009년에 5인치 단말기를 출시했지만, 삼성전자는 이번 신제품에서 와이파이 무선 네트워크, 슬라이드업 디자인, 2기가바이트 내장 메모리, PDF 포맷 지원, 전자사전, TTS 엔진, MP3, 메모 기능 등 한층 강화된 기능과 디자인을 채택했다. 하지만 인터넷에서 유저들의 반응을 보면 아쉬움이 그대로 전달되어온다. 삼성의 이북 단말기가 애플의 아이패드에 비해 현저하게 뒤떨어진다는 이야기다. 삼성의 이북 단말기는 동영상 등의 처리가 불가능하지만 애플의 아이

패드는 기본적으로 동영상이 자유롭게 구동된다는 점이 다르다는
것이다.

스티브 잡스의 iTV

아이패드가 출시되어서 두려운 것은 아이패드 후속 작으로 등장
할 iTV 때문이다. 조만간 스티브 잡스는 iTV를 출시할 것이라는
예고했다. iTV는 아이폰과 아이패드를 모두 연동시키는 플랫폼을
기본으로 하고 있어서 어디에서든 원하는 동영상을 볼 수 있고 자
유롭게 전환할 수 있으며 콘텐츠 공유가 가능한 플랫폼을 사용하
고 있다고 한다. 아직 iTV가 출시되지 않았는데도 이미 iTV를 두
려워하고 있는 셈이다.

애플이 과연 언제부터 iTV를 고려하고 있었을까. 시간을 거슬
러 2006년으로 가보자. 2007년 1월에 아이폰을 공개했지만, 사
실 애플은 애플TV이라는 이름으로 2006년에 제품을 발표했다.
그때는 모두 스티브 잡스가 가전 시장으로 진출한다고 생각했다.

그러니까 그 당시에 애플이 노렸던 시장은 아이팟이 아니라 거
실 시장에서 텔레비전을 만들겠다고 선언한 것으로 생각했다는
점이다. 그래서 당시 《뉴욕타임스》를 살펴보면 애플은 HP나
DELL과 같은 컴퓨터 경쟁 업체들과 경쟁을 피하고 마이크로소프

트가 만들고 있는 XBOX, 소니의 플레이스테이션과 같은 과잉 경쟁 시장에 뛰어드는 선택을 했다고 보도한 내용들이 있다.

다시 말해, 애플은 2006년에 애플TV를 공개했지만, 그것은 단순히 가전 시장에 진출하는 것처럼 보였다는 말이다. 하지만 애플의 야심은 다른 곳에 있었다. 2006년 애플TV를 공개하고, 2007년 아이폰을 공개했으며, 곧이어 앱스토어를 개설하고, 이제는 아이패드를 출시하고 나섰다. 이것은 2006년에 공개한 애플TV를 통해 단순히 가전 시장이 아니라 향후 몇 년 동안 개발하고 개척해 나갈 콘텐츠의 자유로운 이동과 통합, 그리고 공유에 대한 모델링을 해놓은 것이라고 해석할 수 있다.

사실, 기존 텔레비전 제조 회사들은 삼성전자를 비롯해서 LG, 그리고 일본의 소니까지도 하드웨어를 강화해서 어떻게 하면 고화질·고품질의 화면을 제공할 것인가를 두고 경쟁을 벌였다. 또 어떻게 하면 더 크게, 더 얇게 만들지에 정말 많은 공을 들였다. 하지만 이들이 더 크고 웅장하며 완벽한 화면을 만드는 사이에 애플은 어떻게 하면 콘텐츠를 사람들이 걸어 다니면서 이용하고 집에 와서는 그것을 다시 연결해서 보게 할 것인지를 고민했다. 결국 아이패드와 iTV, 그리고 아이폰이 상호 연결되는 플랫폼을 통해 구현했다고 할 수 있다. 말 그대로 세상을 바라보는 프레임이 달랐다. 애플은 사용자 중심에서 편리성을 생각을 했고, 삼성전자와 LG, 소니는 제조사 중심으로 제품의 성능만을 중시했다.

결국 iTV가 나오면 사람들은 애플의 플랫폼을 더 선호하게 될 것이라는 판단 아래 다른 대형 텔레비전 제조업체들은 긴장해야 한다는 말이다.

그러나 문제는 iTV가 아니라는 점이다. 진짜 문제는 iTV가 등장해서 여기에 맞서는 전략을 만들어내야 하는 것이 아니다. 스티브 잡스가 관찰한 것은 사용자들이었다. 그리고 사용자 중심의 플랫폼을 만들어낸 것뿐이다. 하지만 이번에도 우리는 iTV가 나와서 벌벌 떨어야 할 판국이다. 문제의 중심을 모르기 때문이다.

플랫폼 리더십의 기본

플랫폼은 한번 정해지고 나면 웬만해서는 바꿀 수가 없다. 예를 들어, 우리 사회에서는 '한국어'라는 언어를 플랫폼으로 사용하고 있지만 마음에 들지 않는다고 해서 영어나 일어로 바꿀 수 없는 것과 마찬가지다. 플랫폼 설명을 하면서 HTML 이야기도 했지만 그것 역시 마찬가지다. 따라서 플랫폼 리더십을 확보하고자 오래 기다리면서 준비해야 하는 이유가 바로 여기에 있다.

물론 지금 애플의 플랫폼은 테크놀로지를 기반으로 하고 있기 때문에 잘 보이지 않는다. 테크놀로지를 기반으로 한 화려한 장치와 도구들이 개발되고 공유될수록 사물의 본질을 볼 수 없는 것은 어쩌면 너무나 자연스러운 일인지 모른다. 사물의 본질을 파악할 수 없으니 문제의 핵심을 짚어낸다는 것은 불가능하다.

적어도 10년 동안 애플이 주도해온 일들을 통해 플랫폼 전략을 생각해보자. 애플이 처음 아이폰을 개발하겠다고 발표했던 것이 2000년 무렵이었다. iTV, 아이폰, 아이패드, 그리고 맥북과 아이북에 이르는 모든 통합 플랫폼의 시작이 바로 여기다. 아니, 이보다 더 이전일 수도 있다. 스티브 잡스는 오랜 목표를 가지고 차례대로 하나씩 만들어가고 있었지만, 우리는 눈에 보이는 현상에만 치중한 나머지 미래의 플랫폼이 어떻게 구축될 것인가는 보지 못했던 셈이다.

이렇게 보면 마치 조지 루카스가 만든 영화 〈스타워즈〉의 제작 과정과 비슷하다. 조지 루카스는 1977년에 〈스타워즈 에피소드 4 : 새로운 희망〉을 제작했다. 그리고 3년 뒤인 1980년 〈스타워즈 에피소드 5 : 제국의 역습〉을 만들고 나서야 비로소 '스타워즈 시리즈'라는 이름을 붙였다. 또 3년 뒤인 1983년 〈스타워즈 에피소드 6 : 제다이의 귀환〉을 만들었을 때 사람들은 스타워즈 시리즈는 막을 내리는 줄만 알았다. 하지만 갑자기 1999년 〈스타워즈 에피소드 1 : 보이지 않는 위험〉이 등장하면서 우리는 그동안 모든 스토리를 구성할 수 있는 준비를 하게 되었다. 그리고 2002년과 2005년에 각각 〈스타워즈 에피소드 2 : 클론의 습격〉과 〈스타워즈 에피소드 3 : 시스의 복수〉를 만들어 내놓았다. 이렇게 보면 무려 30여 년 가까운 세월 동안 영화를 만들었다는 말이다. 하지만 조지 루카스는 나중에 발표하기를 '스타워즈 에피소드 1, 2, 3'은 그 당시 기술로는 구현할 수가 없어서 뒤에 만들었다고 했다. 그래서 4, 5, 6편을 먼저 만들고 1, 2, 3편은 나중에 만들었다는 말이다.

혹시 스티브 잡스도 나중에 가서 왜 애플이 그와 같은 순서로 제품을 발표하고 결국에 가서는 플랫폼을 통합하겠다고 하는 것인지에 대해 세상에 공표할 날이 올지도 모른다. 어쨌든 지금 우리에게 필요한 것은 사물의 본질을 보는 방법을 터득하는 것이다. 모든 문제가 그렇듯이, 이 문제도 가장 기본에 해당되는 문제일지 모른다. 하지만 그동안 등한시해왔던 이 문제가 이렇게 큰 파장을 일으키며 우리에게 다가올 것이라고는 예상하지 못했던 것이 분명하다.

오래 기다리고 빠르게 등장하라

지금 이 시대를 이끈다고 인정되는 애플을 생각해보자. 애플은 과거에 그렇게 큰 회사가 아니었다. 컴퓨터를 만드는 데서도 항상 순위 경쟁에서는 뒤처지는 회사였다. 시장점유율은 낮았으며, 특정 분야에 있는, 즉 대부분 디자인과 영상 분야에 국한된 전문가들만 이용하는 컴퓨터로 인식된 것이 사실이다. 일반인들은 그저 할리 우드 영화에서 잠깐이나마 애플 로고를 보았을 뿐이다.

하지만 애플이 지금 온 세상을 시끄럽게 만들고 있는 것을 보면 무척이나 오래전부터 이 일을 준비해온 것으로 보인다. 아이폰의 경우 2007년 1월에 발표되었지만, 2000년 이전부터 애플이 휴대 전화를 만들 것이라는 이야기가 돌았다. 그때 사람들은 애플이 전 화기를 만든다는 것부터 이상하게 받아들였다. 또 애플TV의 성우 에도 오래전부터 발표했다. 그때 유수 언론들은 애플이 큰 경쟁 시 장을 놔두고 다른 분야로 도망치는 것이라며 폄하했던 적도 있다. 하지만 애플은 맥북(애플 노트북)과 아이맥(애플 데스크탑)의 운영체제 를 동일하게 구현하고, 여기에 아이폰과 애플TV를 연결하고, 최 종에 가서는 아이패드와 iTV까지 만들어 모든 운영체제를 공유하 게 하는 놀라운 일을 앞두고 있는 셈이다.

분명 오래전부터 해왔던 일들은 하나씩 이루어졌고, 그 위력이 대단해 보이지 않았지만 모자이크 형식으로 모여든 일대 애플의 그룹웨어 체계는 다른 회사들이 감당하기 힘들 만큼 거대한 소용 돌이처럼 변해버렸다. 마치 블랙홀처럼 모든 것을 빨아들이고 애플 세상처럼 만들어버리고 있는 것이다. 사실, 이와 같은 준비성은 스티브 잡스가 과거에 한 말을 보면 대략 짐작이 간다. 1985년 스티브 잡스는 코카콜라에 밀리고 있던 펩시콜라를 회생시킨 존 스컬리에게 이렇게 말했다고 한다. "언제까지 설탕물이나 팔고 있을 겁니까? 이젠 세상을 바꿔볼 기회를 잡고 싶지 않습니까?"

우리가 배워야 할 점이 여기에 있다. 애플은 오랫동안 천천히 준비해왔다. 세상 모두가 그 길을 인정하지 않고 있었지만, 그 길을 묵묵히 준비해오다가 갑작스럽게 터뜨렸다. 하지만 우리는 정반대로 움직이고 있다. 우리 사회는 늘 빠르게 준비하려고 하고, 또 빠른 성공을 원한다. 그리고 우리가 이런 일을 할 것이라고 하는 목표와 비전을 항상 외부와 공유하고 있다. 준비 과정은 늘 시끄럽다. 특히 이번에 정부가 주도하려고 하는 소프트웨어 강국 전략을 보면 이 같은 이야기는 두 번 말하지 않아도 이해할 수 있는 대목이다.

이제 과거의 습관과 행태는 과감하게 버려야 한다. 지금 당장 스티브 잡스와 같은 인재를 만들어낼 수는 없다. 게다가 스티브 잡스는 디자이너도 아니었고, 엔지니어도 아니었다. 아마도 세계 어느 나라를 막론하고 지금 이 시점에 스티브 잡스와 같은 인재를 만들겠다며 덤벼드는 나라는 없을 것 같다. 대한민국이기에 가능한 발상인지도 모른다. 하지만 이제 과거의 방식으로 승부수를 띄울 수 있는 세상은 이미 지났다. 막연하게 준비하고 이론적 근거 없는 전략은 모두에게 고통만을 가져온다. 이제부터는 모든 것을 철저하게 준비하고, 이론적 토대를 만들어야 한다는 말이다.

결국 지금은 현재 일어나고 있는 현상이 어디에서부터 왔는지를 다시 점검해보고, 거기에 우리가 가지고 있는 것이 무엇인지를 다시 생각해보는 것이 먼저다. 그리고 지금까지 있었던 일들을 다시 한번 검토해보면서 미래를 준비해야 한다. 그 과정이 이 책 안에 담겨 있다. 세계화 과정과 커뮤니케이션에 대한 이야기가 그랬다. 특히 유기적 연대성을 가진 사회가 인류가 궁극으로 추구하는 사회의 모습이 될 것이라는 개념은 지금 앱티즌들이 움직이고 있는 사회의 모습과 매우 유사하다는 점을 파악해야 한다. 물론 혹자는 이런 것들이 학문에 불과하다고 이야기할지 모른다. 하지만 그런 학문의 목적이 단순히 한 개인이 학위를 따내는 데 있는 것이 아니라, 현상을 기술하고 분석하고 예측하고 통제하는 데 있음을 알아야 한다. 그런 시각으로 본다면 학문이 우리 생활과 긴밀한 관계에 있음을 깨달을 것이다.

앱티즌을 읽어라

앱티즌 세상

아프리카에는 사냥에서 매우 독특한 전략을 구사하는 부족이 있다고 한다. 그들은 사냥하러 갈 때 밧줄만 가지고 간다. 창이나 화살, 특히 독화살은 필요가 없다. 그리고 무작정 걷기만 한다. 걷다가 사냥해야 할 동물이 나타나면 무조건 그 동물을 뒤쫓는다. 하루, 이틀, 사흘까지 동물의 흔적을 찾아 뒤쫓는 것이 사냥의 방법이다. 재미있는 것은, 결국 뒤쫓다 보면 사냥감은 언젠가 지쳐서 쓰러진다는 이야기다. 그러면 밧줄로 묶어 끌고 오면 그만이다. 그런데 이들이 동물의 흔적을 뒤쫓다가 간혹 그 흔적을 잃어버리는 경우가 있다고 한다. 그럴 때는 어떻게 할까. 그들은 사냥감을 처음 발견한 곳으로 다시 돌아간다. 다시 처음부터 시작하는 방법이 가장 좋다는 것이 수천 년 동안 터득한 사냥의 지혜라는 말이다.

아이폰에도 이런 기능이 있다. 유일하게 전면에 나와 있는 버튼 하나가 있다. 이 버튼은 아이폰이 수면 상태일 때 다시 구동하게 하는 기능도 하지만 어느 애플리케이션이든지 사용하다가 이 버튼을 누르면 다시 처음부터 시작하게 하는 기능이 있다. 생각해보면, 아이폰은 무척 복잡한 기계여야 한다. 수없이 많은 애플리케이션을 구동시켜야 하고, 그것들을 일일이 사용하려면 복잡한 알고리즘이 필요할 것 같아 보인다. 하지만 그것을 단 하나의 버튼으로 해결하고 있는 셈이다. 바로 원점으로 돌아가는 방법이다.

우리도 마찬가지다. 모든 문제의 출발점을 찾아 공부하고 준비하는 것, 그것뿐이다. 그렇게 문제의 근원을 찾는다면 커뮤니케이션의 원리를 공부하는 것이고, 커뮤니케이션의 원리에 따라 생성된 세력인 앱티즌을 읽어내는 것이 중요한 일이다.

우리에게 얼마나 많은 문제가 한꺼번에 달려오고 있는지 생각해보자. 이미 세계는 모바일 비즈니스 경쟁체제로 돌입했다고 하면서 혹자는 '모바일 웹 2.0'이라고 주장하기도 한다. 애플과 구글의 플랫폼 전쟁은 이미 옛말이고, 이동 통신사 24개와 휴대폰 제조업체 4개가 블루오션을 먼저 확보하겠다고 나섰다. 모바일 시장이 요동치다 보니 모바일 광고 시장이 덩달아 날뛰고 있으며, 트위터를 비롯한 SNS 서비스는 전 세계 전쟁과 각 나라 국지전에서도 팽팽한 긴장감이 감돈다. 또 정치 운동 방법과 교육 패러다임이 모바일 도구로 인해 바뀌고 있고, 기존의 전통적 미디어가 맥없이 추락하는 경우도 비일비재하다. 웹서핑과 콘텐츠 시장은 이미 모바일이 대세라고 넘어가 버렸고, 전자책 시장도 어떻게 될지 모르는 추세다. 게임 시장도 인터넷보다는 모바일에 더 치중하고 있으며, 모바일뱅킹 시장이 새로운 국면을 맞는다고 한다. 이 모든 문제가 지금 한꺼번에 거대한 해일처럼 몰려들고 있는 것이다. 문제는 이 문제들에 일일이 대응할 수 없다는 것이다.

이 문제들을 들여다보면 결국 커뮤니케이션의 원리를 중심 이론으로 삼아 움직인다고 봐야 한다. 그리고 그렇게 분석의 틀을 잡아야만 해결할 방법, 그리고 미래의 대안까지 만들 수 있다.

그리고 그 중심에 앱티즌이 있다는 것도 잊어서는 안 된다. 우리가 앱티즌을 분석하고 공부해야 하는 이유가 바로 거기에 있다.

앱티즌이 무엇이기에

앱티즌을 분석하고 공부해야 하는 일이 얼마나 중요한지 벌써부터 현실에서 나타나고 있다. 2010년 3월 7일은 애플 아이폰이 국내에 상륙한 지 100일이 되는 날이다. 애플을 국내에서 출시한 KT에 따르면, 아이폰은 39만 대가량 개통되었다고 한다. 하루에 아이폰 4000대가 개통된 셈이다. 유래 없는 대히트 상품으로 기록될 수도 있다.

주목할 만한 것은, 아이폰이 들어온 지 불과 100일 만에 많은 환경이 바뀌고 있다는 점이다. 우선 휴대폰 제조업체들이 변화하고 있다. 과거에는 고객을 그다지 중요하게 생각하지 않는 듯한 느낌을 주었지만, 지금은 휴대폰 제조업체들의 사장급 임원들이 직접 나서서 스마트폰 사용자들에게 전략적으로 대응하고 있다.

예를 들어, 최근에 노키아 스마트폰의 펌웨어 업그레이드와 관련해서 스마트폰 사용자들의 불만이 대단했다. 해당 스마트폰은 '노키아 5800'이었는데, 외국에서는 펌웨어 업그레이드가 된 것을 사용하고 있는데 왜 국내에서는 업그레이드를 해주지 않느냐는 것이다. 이때, KT 표현명 개인고객 부문 사장은 자신의 트위터로 펌웨어 업그레이드를 위해 최선을 다하겠다는 글을 올린 적이 있다. 과거에는 상상할 수도 없던 일이다. 과거에는 고객 센터를 방문해서 한바탕 야단법석을 떨어도 불가능했던 일들이 이루어지고 있는 셈이다.

이런 일이 KT에만 일어나는 것은 아니다. SKT에서도 T 옴니아

2와 관련해서 OS 업그레이드가 이루어지지 않아 사용자들의 불만이 고조되었을 때 삼성전자가 직접 나서서 해명하기도 했다.

이런 해프닝이 벌어지는 이유는 앱티즌의 성향을 읽어내지 못하고 있기 때문이다. 단순히 앱티즌을 '얼리어댑터(early adapter)'라고 설명하기에는 부족한 부분이 있다. 만약 얼리어댑터라고 한다면, 지구촌에 있는 엄청나게 많은 얼리어댑터가 모두 앱티즌이라는 말인데 이것 자체가 모순이 되어버린다. 또 얼리어댑터는 단순한 호기심과 기호 차원에서 접근하는 것이지만, 앱티즌은 이미 스마트폰을 생활의 일부분으로 사용하고 있기 때문에 맞지 않는다.

결국 앱티즌의 스타일을 파악해야 함에도, 기업들이 이런 점을 너무나 등한시했다는 지적을 피하기 어렵다. 지금 앱티즌들이 보이는 형태는 과거의 집단과는 너무나 다르다. 그리고 이런 현상은 더욱 가속화되어갈 것이 분명해 보인다.

앱티즌을 위한 서비스를 만들라

요즘 기업의 IT 관련 부서나 전략 기획이나 전략 마케팅 부서는 새로운 성향을 가진 인터넷 유저들 때문에 고민이라고 한다. 지금까지와는 다른 성향이 있기 때문에 네티즌이라고 규정할 수도 없고, 인터넷이 아닌 모바일로 접속을 하는 경우도 많기 때문에 기존의 방법론으로는 도저히 분류가 안 된다고 한다. 문제는 간단하다. 앱티즌이라고 정의하고 앱티즌을 위한 서비스를 만들면 된다.

최근 어려움을 겪고 있는 도요타 자동차는 친환경 자동차 '프리우스'와 관련해서 기발한 아이폰 캠페인을 펼쳤다. 3세대 하이브리드카 2010 프리우스의 출시와 함께 아이폰을 통해 프리우스를 체험해볼 수 있는 전용 애플리케이션을 공개한 것인데, 고객들의 반응이 좋았다고 한다. 또한 아이폰을 둘러싼 스마트폰의 확산으로 사용자들의 무선 인터넷 접속이 빈번해짐에 따라, 주요 IT 기업들이 무료 인터넷을 제공하는 마케팅도 펼치고 있다. 야후는 뉴욕 타임스퀘어에서, 구글은 버진 항공과 47개 미국 공항에서 서비스하고 있고, 이베이는 델타 항공과 MS 제휴 호텔 등에서 무료 인터넷을 제공하고 있는 것으로 조사되었다.

좀처럼 제휴를 하지 않는 스타벅스도 나섰다. 역시 아이폰과 결합 모바일 서비스를 한 것인데, 스타벅스는 아이폰을 이용해서 현재 위치에서 가까운 매장을 찾고 모바일 기기로 결제가 가능한 두 가지 애플리케이션을 출시했다. 그리고 앞으로는 GPS를 이용한 모바일커머스 기능을 구현한다고 한다.

피자헛은 애플 아이폰으로 취향에 맞게 피자를 맞춤 주문할 수 있는 서비스를 개시했다. 영국의 한 방송국은 터미네이터 방송의

론칭과 함께 위치 추적과 동영상을 결합한 기발한 모바일 마케팅 캠페인 전개했는데, 친구의 휴대폰 번호를 입력하면 휴대폰 위치 추적을 통해 현재 위치에 맞는 각기 다른 터미네이터 동영상을 전송하는 애플리케이션을 개발하기도 했다.

그리고 세계 1위의 휴대폰 업체 노키아의 CEO 칼라스보는 공개 석상에서 노트북컴퓨터 시장에 진출할 것을 밝혔는데, 휴대폰과 노트북의 장벽이 무너진 상황에서 노키아도 시장 확대를 위해 컴퓨터 시장으로 진입하려는 속셈인 듯하다. 스티브 잡스의 경우는 컴퓨터 시장에서 휴대폰 시장으로 돌입한 것이지만, 노키아의 CEO 칼라스보는 역으로 휴대폰 시장에서 컴퓨터 시장으로 진출한다는 것이다.

사실, 앱티즌을 위한 모바일 비즈니스도 생각해보아야 한다. 지금은 모바일 트래픽이 계속 증가하고 있기 때문에 기업은 앱티즌을 염두에 둔 비즈니스 전략을 펼칠 필요가 있다.

앱티즌이
되라

정부가 만들어가는 모바일 비즈니스 문화

우리는 앱티즌에게 집중해왔다. 앱티즌을 파악하는 것이 가장 급한 일이라고 보았기 때문이다. 반면 우리 미디어는 아이폰을 비롯한 스마트폰에 열중하고 있다는 지적을 하고, 대표 아이콘으로 자리 잡은 스티브 잡스에게 집중하는 것은 지금 우리가 고민하는 문제를 풀 해결책이 아니라고 이야기했다. 그래서 앱티즌들은 어떤 스타일을 가지고 있는지 그들의 속성을 살펴보고, 그들이 세상을 어떻게 바꾸어나가는지에 대해 이야기했다.

　뉴스를 검색하다 보니 재미있는 일을 하나 찾을 수 있었다. 우리 정부가 2012년까지 '임베디드 소프트웨어' 개발 등 소프트웨어 융합 분야에 1조 원을 투자한다는 소식이 전해진 것이다. 그러면서 '한국의 스티브 잡스'도 대거 양성하기로 했다고 한다. 다시 말해, 우리 정부는 이명박 대통령 주재로 열린 비상경제대책회의에서 소프트웨어의 글로벌 경쟁력을 확보하고자 자금을 대량 투자한다는 말이다. 구체적으로 2013년까지 국내 소프트웨어 산업 수출 규모를 2008년 대비 세 배, 고용도 두 배로 확대하기로 했고, '소프트웨어 강국 도약 전략'을 보고 했다고 한다. 또 애플의 앱스토어와 같은 융합 소프트웨어 분야를 육성한다는 명목하에 2010년부터 3년간 1조 원을 투자해서 기존 IT 강국이 인프라 위주로 자리매김되어 있던 것을 소프트웨어 중심으로 체질을 변화시키겠다고 했다.

흥미로운 것은 '소프트웨어 마에스트로'라는 프로젝트를 가동해서 '한국의 스티브 잡스'를 육성한다고 한다. 일단 마에스트로로 뽑히면 국내외 최고 전문가들에게서 특별 훈련도 받는다고 한다.

이런 내용은 모두 '카더라 통신'에 의해 전달된 것들이다. 하지만 이 소식을 접하면서 갑자기 뭔가 꽉 조여오는 듯한 답답함을 느꼈다. 전 세계적인 플랫폼 리더십 전쟁이 벌어지고 있는 이 상황에서 정부가 주도적으로 이 일을 해결할 수 있을까 하는 의문이 먼저 들었다.

또, 기존 IT 강국의 이미지가 인프라 위주, 즉 하드웨어 중심으로 이루어진 것을 쉽게 소프트웨어 중심의 IT 강국으로 바꿀 수 있을까 하는 의문이 들었다. 마지막으로, 한국의 스티브 잡스를 어떻게 찾아내고 길러낼 것인가 하는 의문이 들었다.

솔직히 말해, 전 세계 4대 휴대폰 제조 회사가 자금과 인력이 부족해서 플랫폼 리더십에서 애플에 밀린 것은 아니다. 자금과 인력은 더 많고, 휴대폰에 관해서라면 둘째가라면 서러워할 회사들이다. 그럼에도, 플랫폼 전쟁에서 밀린 것은 플랫폼의 특성을 공부하지 않았기 때문이다. 그런데 지금 뒤늦게 자금을 쏟아 붓는다고 해결되는 것일까.

그리고 소프트웨어를 만드는 것은 현재 전 세계에 퍼져 있는 신흥 세력들이다. 그들은 한국에만 존재하지도 않고 전 세계에 퍼져 있다. 그리고 그들에게는 국적이 중요하지도 않다. 단순히 스마트폰과 앱스토어에 접속할 수 있는 권한만 가지고 있다면 전 세계 어디에 있든지 중요지 않다는 말이다. 그럼에도, 한국에서 이들을 양성해야 하는 이유는 무엇일까?

마지막으로 이 문제의 근원이 스티브 잡스가 아니라고 말했다. 오히려 이 문제의 근원은 커뮤니케이션에 바탕을 둔 앱티즌이라고 했다. 스티브 잡스는 단순히 이 현상을 촉발한 인물에 불과할 뿐이다. 그리고 아이폰은 그가 처음부터 개발한 것도 아니다. 단지 그는 인간의 커뮤니케이션 양상이 어떻게 흘러왔는지, 앞으로 어떻게 흘러갈 것인지를 미리 알았을 뿐이다.

지금 앱티즌이 되라

수십 년 전에 피터 드러커는 '지식 근로자'라는 개념을 이야기한 적이 있다. 필자는 그때 드러커가 말한 대로 모든 사람이 동일한 출발선에 위치해 있고, 각자의 노력 여하에 따라 성공과 실패가 좌우될 것임을 믿었다. 그리고 개인이 점 조직을 이루어 사회가 구성될 것이며, 거대한 회사의 조직보다 전문가로 이루어진 가상 회사가 더 큰 위력을 발휘할 것이라는 점을 신뢰했다. 필자가 12년 전에 읽은 책에는 피터 드러커가 수십 년 전에 이야기한 그와 같은 내용이 가득 차 있었다.

그리고 피터 드러커가 말한 대로 세상은 이미 많이 변했다. 성공하는 자와 성공하지 못하는 자는 극명하게 갈리고, 양극화된 사회의 양상은 골이 더 깊어지고 있으며, 통신 기술의 발달에 따른 점 조직이 활성화되는 이른바 프로페셔널의 사회로 급속히 진입하고 있다.

요즘 기성세대는 이런 모습들이 대부분 두렵다고 말한다. 스마트폰이 대세라고 미디어에서 떠들썩하게 말할수록 기성세대에게는 두려움이 더해간다고 한다. 실제로 휴대폰을 사용할 때는 전화를 걸고 받기만 하면 되었는데, 스마트폰을 사용하려면 웹사이트에 회원 가입을 하는 것부터 시작해서 애플리케이션을 다운로드받고 관리하는 방법도 배워야 하고, 이 신기한 도구를 이용해서 남들과 커뮤니케이션을 하는 방법도 배워야 한다. 사실, 부담이 되지 않을 수 없다.

하지만 지금 시작하지 않으면 더 늦는다. 적어도 상위 10퍼센트 안에 속하는 전문가가 되고 싶다면 지금 이 시대의 물결을 따르지 않으면 안 된다. 우리 사회에서는 2010년에 200만 명이 스마트폰을 구매할 것이라는 조사 결과가 발표된 적이 있다. 200만 명이라고 하면 경제활동인구의 10분의 1 정도, 그중 공장 근로자와 개인 사업자를 제외한 지식 계층으로 본다면 5분의 1에 가까울지도 모른다. 그렇게 많은 사람이 스마트폰에 가입하고 애플리케이션을 이용하려고 한다는 말이다.

과거의 경우를 살펴보자. 인터넷이 처음 등장했을 때 사람들은 별 관심을 가지지 않았다. 과연 인터넷으로 무엇을 해야 할지를 고민하는 사람들도 적지 않았다. 지금 유명한 국내 포털사이트가 이메일 무료 계정을 나누어주며 광고를 유치할 계획이라고 투자 설명회를 열었을 때 사람들 대부분은 사업성이 없을 것이라며 고개를 저었다고 한다. 그 회사는 현재 우리나라에서 최고의 포탈 사이트 중 하나다.

주목할 것은, 지금 앱티즌이 주도하는 세상에는 인터넷이 처음 등장했을 때보다 더 긴장감이 감돌고 있다는 점이다. 지금 인터넷으로 구축된 세상은 그대로 모바일 시장으로 들어오게 될 것이 분명하다. 우리 손에서 모든 것이 운영되는 세상이 곧 다가온다는 말이다.

이쯤 되면 기존의 휴대폰과 스마트폰, 그리고 앞으로 등장하게 될 도구들과 우리가 플랫폼이라고 말해왔던 애플리케이션의 효과가 미미할 것이라고 보는 것은 큰 오산이다. 지금 당장 이 물결에 뛰어들지 않으면 안 된다. 시간이 지나면 더 늦고, 따라가야 할 길이 더 멀게 느껴질 것이다.

앱티즌이 되어서 앱티즌이 만드는 세상으로 뛰어들기 바란다. 그들은 분명히 유기적 연대성으로 이루어진 세상을 구축할 것이고, 그 안에서 많은 부분을 공유할 것이다. 많은 부분에서 패러다임을 바꾸고, 문화까지 바꾸게 될 것이다. 후세에 가서 모바일과 애플리케이션이 어떻게 평가될지는 미지수다.

하지만 지금 우리가 보고 있는 현상만으로도 큰 위력을 가진 플

랫폼이 될 것이라는 데는 이견이 없다. 시대를 놓치지 않고 그 시

대를 주도하는 앱티즌이 되기를 바란다.

혁명은
이제부터 시작이다

컴퓨터 혁명

사람들은 흔히 컴퓨터는 하드웨어에 불과하다고 생각하는 경향이 있다. 물론 본질적으로 본다면 하드웨어가 정답이다. 그래서 컴퓨터는 단순한 하드웨어이기 때문에 발전하는 것은 기술 발달에 따른 당연한 결과라고 생각한다. 자연스럽게 '컴퓨터 혁명'은 단순한 하드웨어의 발달이지 혁명이라고 생각하지 않는다. 이것은 우리가 기술 발달과 그것이 가지고 있는 의미론적인 해석, 즉 커뮤니케이션학적으로 볼 때 어떤 의미가 있는지를 분석하지 못해서 일어나는 현상이다.

컴퓨터 혁명에 대한 이야기부터 해보자. 초기의 컴퓨터라고 할 수 있는 IBM식의 컴퓨터는 단순한 하드웨어였다. 인류가 하는 행위에서 속도와 기능 위주로 컴퓨터에도 적용되었다고 볼 수 있다. 다시 말해, 컴퓨터는 어떻게 하면 계산을 빨리할 수 있는지, 그리고 얼마나 많은 용량을 가질 수 있는지에 대해서만 고민해왔다. 그저 단순하게 인간이 계산할 수 있는 능력과 기억할 수 있는 능력을 연장한 것에 불과했다.

하지만 컴퓨터는 진화하기 시작했다. 사람들이 개인용으로 사용하기 시작하면서 다양한 소프트웨어가 필요했다. 사무용 소프트웨어가 등장하고, 이미지를 만드는 소프트웨어도 능장했다. 이제는 단순히 기억과 속도를 연장하고 빠르게 하는 기능적인 것이 아니라 질적인 차원에서 변화한 셈이다. 컴퓨터를 통해 인간 의식의 확장이 이루어졌다는 말이다. 그때는 많은 소프트웨어가 개발되어서 컴퓨터 안에서 활용되었다. 하지만 인터넷 연결이 안 되어서 서로 간의 의사소통이 안 되었기 때문에 여기까지만 해도 현재의 모습이 아니었다.

다시 컴퓨터가 혁명을 부르기 시작했다. 즉, 인터넷이 연결되면서 개인과 개인이 서로 직접 커뮤니케이션을 할 수 있게 되었다. 게다가 이것은 국가 안에서만 이루어지는 것이 아니라 전 지구적으로 자유롭게 의사소통할 수 있는 토대가 되었다. 인류에게는 새로운 경험이었고, 커뮤니케이션적으로 볼 때는 새로운 의사소통의 도구, 새로운 미디어와 같은 매체가 생겨난 것이라고 볼 수 있다.

사실, 컴퓨터의 발전 과정을 보면 이렇게 세 단계를 거쳐 발전해오면서 커뮤니케이션적으로 볼 때 매우 의미 있는 발자취를 남긴 셈이다. 하지만 우리는 이 모든 과정을 단순히 하드웨어의 발전으로만 인식하는 경향이 있다. 따라서 무엇을 제대로 읽고 해석해야 하는지에 대해 아무것도 얻지 못한다.

그런데 혹시 스마트폰과 애플리케이션, 그리고 앱티즌을 이야기하면서 왜 컴퓨터의 발전을 이야기하는지 궁금해하는 독자가 있을 것 같다. 그것은 스마트폰에도 이와 비슷한 현상이 일어나고 있기 때문이다. IBM의 사례를 생각해보자.

IBM의 사례로 보는 혁명의 관점

사람들은 아직도 IBM이라는 회사를 기억한다. 개인용 컴퓨터 시장에서 IBM은 컴퓨터의 대명사로 불렸다. 그래서 과거에는 컴퓨터를 '매킨토시' 계열이냐 혹은 'IBM' 계열이냐로 구분하곤 했다.

그러나 IBM은 컴퓨터 발전 과정에서 크게 두 가지 실수를 했다고 전해진다. 첫 번째는 IBM이 컴퓨터의 핵심 역량을 하드웨어라고 단순하게 생각했기 때문에, 하드웨어 기술은 발전시키려고 노력하면서 개인 컴퓨터의 운영체제 개발을 그 당시에는 작은 회사였던 '마이크로소프트'에 넘겨준 일이다. 개인용 컴퓨터 시장이 얼마나 확산될 것인지에 대한 판단 착오를 한 결과 이런 일이 벌어졌다. 물론 그 결과는 독자들도 알다시피, IBM은 하드웨어만 열심히 만들다가 결국 중국 회사에 인수되었고 마이크로소프트는 전 세계를 군림하는 운영체제의 주인공이 되었다.

두 번째 실수도 치명적이었다. IBM은 사실 개인용 컴퓨터의 확산을 기대하지 않았다. 산업용 컴퓨터에 중점을 두었기 때문에 컴퓨터와 컴퓨터를 연결하는 구성도를 메인 컴퓨터와 개별 컴퓨터가 연결된 구조로 생각하고 각각 주체와 객체로서 의미를 부여했다. 하지만 현실은 달랐다. 현실에서 컴퓨터는 주체와 객체가 따로 없고 자유로운 개인 간의 의사소통을 원했다. 결국 현실의 니즈가 승리하고 IBM 컴퓨터는 개념을 상실한 컴퓨터 회사가 되고 만 셈이다.

IBM의 컴퓨터 발전에 대한 인식과 현실이 요구했던 니즈를 비교해본다면 IBM은 치명적인 실수를 한 셈이다. 안타깝게도 이와 같은 실수는 휴대폰에서 다시 반복되고 있는 것 같다.

휴대폰에서 스마트폰까지의 혁명

IBM의 사례와 휴대폰의 사례를 연결 지어 생각해보자. 컴퓨터의 하드웨어가 발전하면서 연산 능력과 기억 능력을 발전시킨 것처럼, 휴대폰에서는 전화 발신 기능만을 강화하는 것이 목표였다. 그래서 초기에는 얼마나 넓은 지역에서 전화를 걸 수 있는지가 중요한 이슈였다. 휴대폰의 최초 모델은 시티폰에서 휴대폰으로 발전했기 때문에, 시티폰이 공중전화 부스 주변으로 한정 지어진 반면 휴대폰은 어디서나 들고 다닐 수 있는 전화기였던 셈이다.

전화를 거는 기능은 한 번 더 발전한다. 단순히 어디서나 전화를 거는 것에만 목적이 있는 것이 아니라, 통화 품질이 좋아야 한다는 것을 강조하는 방향으로 발전했다. 이때 'SPEED 011' 브랜드가 생겨났고, 애니콜은 "한국 지형에 강하다"라는 광고 문구를 들고 나왔다.

하지만 컴퓨터가 인간 의식의 확장이라는 개념으로 소프트웨어를 개발했던 것처럼, 휴대폰에 커뮤니케이션 기능을 담당하는 의사소통의 도구, 정보의 전달과 공유 기능이 더해지면서 인간 의식의 확장이라는 개념이 들어온다.

또 한 걸음 더 나아가 영상 전화 기능이 도입되면서 전화기인지 개인 미디어인지 구분하기 힘들 정도로 발전한다. 그리하여 결국 휴대폰은 스마트폰까지 발전한 것이다.

이제 스마트폰은 더 이상 '폰'으로서의 기능이 아니라, 인간 의식의 확장, 즉 커뮤니케이션의 적극적인 도구로서 기능을 하는 것은 물론, 매체로서 기능을 하면서 사회 구성원들을 새롭게 조직하고 권력관계를 새로 구축하게 만드는 엄청난 힘을 가지게 된 셈이다. 다시 말해, 이렇게 휴대폰이 발전하면서 커뮤니케이션학적으로 볼 때 의미 있는 발자취를 남기고 있었음에도 휴대폰 제조사들 대부분은 기능 중심으로만 생각하고 있었다는 말이다. 더 좋은 통화 품질과 더 밝은 LCD 창 혹은 화려한 DMB 기능을 넣어서 발전하게 만들려고 했다. 또 이동 통신 사업자들은 휴대전화의 인터넷 접속을 막고 폐쇄적인 운영을 해왔다.

결국 화려한 기능만을 만들어 제조사 입장에서 소비자에게 '공급'하려고 했으니, 현실에서 커뮤니케이션에 대한 다양한 니즈가 있었던 것을 알아채지 못했다. 또 이동 통신 사업자들이 휴대전화의 인터넷 접속을 막고 폐쇄적으로 운영한 탓에 수많은 애플리케이션 개발자가 자신들의 창의력과 개발 능력을 발휘할 기회조차 갖지 못했다.

인류의 3대 혁명

지금까지 살펴본 혁명들도 물론 혁명이라고 할 수 있다. 하지만 정작 인류 역사상 가장 위대한 혁명 세 가지를 선택하라고 하면 어떻게 될까? 학자마다 차이는 있겠지만, 커뮤니케이션 학자들 대부분은 제1의 혁명을 언어와 문자의 발명으로 선택한다. 인류가 언어와 문자를 만들어 지식을 계승하도록 한 것은 첫 번째 위대한 혁명으로 기억할 만하다는 말이다.

제2의 혁명은 바로 구텐베르크의 금속활자 인쇄술이다. 물론 우리 역사에 구텐베르크의 금속활자보다 앞선 기술이 있었다는 것에 대해 대부분의 학자가 인정한다. 하지만 구텐베르크의 금속활자 인쇄술은 전 세계의 문명을 바꾸어놓은 역할을 한 반면, 우리의 인쇄술은 영향력이 크지 않았다는 점을 지적하는 것이다.

구텐베르크는 원래 인쇄업자였다. 당시에는 목판인쇄만이 존재했는데, 구텐베르크는 금속활자를 대량으로 만들어냈고 양면인쇄가 가능한 시스템도 설계했다고 한다. 우리의 금속활자는 주로 족보와 《토정비결》을 인쇄하는 데 그쳤지만, 구텐베르크는 《성경》을 대량으로 찍어내면서 서양 문화와 역사에 큰 파장을 불러일으켰다. 20세기를 마무리하면서 유명 언론들은 지난 1000년 동안 가장 영향력 있는 인물이나 발명품을 소개한 적이 있었다. 그중에서 미국의 《라이프》지가 구텐베르크의 인쇄기를 선택했고, 독일의 《디 벨트》지가 선정한 상위 20인에도 구텐베르크가 선정되었다. 그 외에도 많은 방송과 저널에서 구텐베르크는 20세기를 마감하면서 역사상 가장 중요한 인물로 선정되었다고 한다.

마지막 제3의 혁명은 바로 '디지털'이다. 이미 앞에서 언어와 문자가 디지털을 만났을 때 어떤 현상이 일어나는지에 대해 설명했다. 항상 긍정적인 효과만 있는 것은 아니기 때문이다. 하지만 디지털이 인류의 세 번째 혁명이라는 것에는 이견이 없다. 인터넷이 등장한 것은 불과 15년 전후해서 일어난 일이다. 그 전에는 그저 컴퓨터만 존재했고, 인터넷이라는 것은 존재하지 않았다. 그로부터 벌어진 일들을 생각해보자. 지금 인터넷이 없는 세상을 상상할 수 있겠는가. 필자는 그럴 자신이 없다.

앞으로 20년 뒤에는 어떻게 세상이 바뀌어 있을지 상상할 수 있는가. 필자는 그것 또한 상상할 수 없다. 사실, 현재 컨설팅 회사에서 만드는 트렌드 보고서를 보면 대부분 모바일 비즈니스 분야와 인터넷을 제외하고 나면 트렌드라는 것이 의미가 없을 정도다. 모든 아이템이 모바일을 기본으로 하고 있기 때문이다.

여기에서 주목해야 할 점은, 디지털화의 중심에 앱티즌이 존재한다는 점이다. 그리고 앱티즌이 주도하는 혁명이 앞으로 전개될 것이다. 우리가 지금 긴장해야 하는 이유가 바로 여기에 있다. 지금부터는 엄청난 변화의 소용돌이가 들이닥칠 것이 분명하다.

구텐베르크의 인쇄술이 있었기 때문에 1000년 동안 이어져오던 종교의 권위가 무너지고 종교개혁이 이루어졌다. 우리가 그 당시에 살아보지는 않았지만, 당시 종교의 권위란 엄청난 것이었다고 한다. 그럼에도 가냘픈 금속활자 인쇄술에 넘어가 버렸다는 점을 생각할 필요가 있다. 왜냐하면 지금 엄청난 후폭풍을 몰고 오는 디지털 혁명이 과연 얼마나 큰 블랙홀이 될지는 아무도 예측할 수 없기 때문이다.

앱티즌이 주도하는 혁명

지금까지 살펴본 컴퓨터, 그리고 전화기의 발전 역사를 우리는 '혁명'이라고 부른다. 과거에는 도저히 상상할 수 없을 것 같았던 일들이 가능해지고 있기 때문이다. 컴퓨터로 영화를 만들고, 전화기에서 발전한 스마트폰으로 애플리케이션을 다운로드 받아 살아가는 모습은 그야말로 '원더풀'이다. 원고를 작성하고 있는 파리에서도 지도 하나 필요 없이 아이폰에 있는 구글 애플리케이션으로 멀리 있는 식당을 한 치의 오차도 없이 찾아갈 수 있었다. 단지 내가 아는 것이라곤 식당 이름뿐이었음에도, 아이폰으로 그 식당까지의 거리, 소요 시간, 큰길과 골목길에서 어떻게 가야 하는지에 대한 자세한 정보를 받아볼 수 있었다. 과거에는 현재 있는 곳의 위치를 지도와 지형지물을 이용해서 파악하고 가고자 하는 목표 지점을 확인하고 나면 계속 지도를 보며 걸어가야 했다. 하지만 아이폰이 있는 세상은 그 모든 것이 쉽다. 이런 일들은 아이폰으로 할 수 있는 아주 작은 일에 해당된다. 실제 앱티즌들은 지금까지 살펴본 전 세계 큰 사건에서 굵직한 획을 그으면서 등장하고 있다. 대형 미디어 권력이 상상도 하지 못할 힘과 지지 세력마저 가지고 있는 것이다.

실제로 아이폰이 북미 시장에 등장하고 나서 2년간 전 세계적으로 4500만 대가 팔려나갔다고 한다. 그리고 지금은 아이폰과 아이팟 터치의 묵미 시장 대비 해외시장 점유율이 점자 높아지고 있다고 한다. 현재 시장점유율은 북미 시장 58퍼센트, 서유럽 26퍼센트, 아시아 7퍼센트라고 한다. 게다가 전 세계 인터넷 접속 점유율도 아이폰은 47퍼센트를 차지하고 있다. 놀라운 것은 아이폰을 비롯한 스마트폰을 사람들이 사용하기 시작하면서 사회의 라이프스타일이 급격히 변화하고 있는 것이다. 예를 들어, 미국의 10대들은 문자 메세지를 한 달에 평균 2772개를 보내며, 온라인에서 뉴스를 보는 사람이 5년 동안 3000만 명으로 증가했다고 한다.

그런데 이런 변화의 속도는 더욱 가속화될 것이 분명해 보인다. 모바일 네트워크의 속도와 기술이 점차 발전함에 따라 소셜 네트워크 등 다양한 모바일 서비스에 기회와 혁신이 일어날 것이라고

모든 컨설팅 기관이 예측하고 있다. 사용자들의 모바일 접속의 폭
증으로 모바일 데이터 트래픽이 2014년에는 400만 테라바이트에
달할 것이라고 한다.

이러한 모바일 비즈니스와 앱티즌들에 대한 데이터는 요즘 어렵
지 않게 접할 수 있다. 이미 앱티즌의 시대가 대세라는 말이다. 여
기에 앞으로 혁명의 시작이 담겨 있다. 그동안 우리는 혁명이 휴대
폰을 제조하거나 컴퓨터를 제조하는 회사에서 시작될 거라고 생각
해왔다. 그래서 휴대폰 제조 회사가 마치 대단한 권력을 가지고 있
는 것처럼 인식했다. 하지만 한 번 더 생각해보면 혁명의 시작은
거기가 아니다. 혁명은 바로 사람들에게 있다. 우리는 그들을 '앱
티즌'이라고 불러왔다.

스티브 잡스는 단지 그것을 알고 있었을 뿐이다. 그래서 혁명을
주도할 앱티즌들이 앱스토어에서 자유롭게 애플리케이션을 올리
고, 다른 앱티즌들은 이 애플리케이션을 활용할 수 있는 토대를 만
들었다. 마찬가지로, 앱스토어가 시대적인 돌풍을 일으키며 전 세
계를 휩쓸고 있는 것, 그것은 이미 앱티즌으로 불리는 유기적 연대
성을 가진 공동체가 그렇게 움직이기 시작했기 때문에 가능했던
일이다.

지금 혁명에 참여하라

최근 전 세계적으로 유명한 통신 회사의 기자를 만난 적이 있다. 그는 요즘 트위터를 비롯한 웹 2.0을 기반으로 한 SNS 서비스가 제일 두렵다고 한다. 과거에 블로그나 미니홈피와 같은 서비스는 전통적인 시각의 저널리즘에서는 저널리즘으로 인식하지 않아서 두렵다는 생각을 해본 적이 없다고 했다. 하지만 지금 트위터와 같은 서비스는 두렵다는 말이다. 그들이 전 세계 모든 뉴스를 섭렵하고 있기 때문에 본인과 같은 기자들은 도대체 앞으로 무슨 일을 해야 할지 모르겠나는 볼멘소리를 했다.

아마도 그 기자만 이런 생각을 하고 있는 것은 아닐 것 같다. 지금 각계각층 모든 분야의 사람들이 그야말로 혼란스럽다. 2010년 지방자치단체장 선거에서 트위터를 선거운동의 수단으로 인정할 것인지 여부가 등장하는 것처럼 각계각층 모든 분야가 혼란이다. 지금까지 보지 못한 미디어의 위력을 가지고 있기 때문이다.

만약 우리가 이 위력을 감지한다면, 특히 온라인 광고 시장, 휴대폰 제조업체의 휴대폰 제품 전략, 콘텐츠 제작 및 유통 시장 등을 비롯해서 전통적인 제조업에 해당된다고 할 수 있는 자동차 시장에까지 큰 변화를 몰고 올 수 있다고 본다.

그야말로 관련되지 않은 분야는 없다고 보면 된다. 따라서 관련

업계에 종사하는 수많은 사람이 지금 이 분야의 변화를 두려워한다.

하지만 패러다임은 전환하면 쉽다. 혁명에 맞설 것이 아니라 혁명에 참여하는 방법이 있기 때문이다. 태풍의 중심은 바람이 불지 않고 조용한 것처럼, 이 거센 혁명의 한가운데는 오히려 더 고요하다. 내가 그 혁명을 주도하기 때문이다. 내가 그리는 방향대로 움직일 것이며, 나는 그 혁명의 주인공이 될 수 있다.

필자는 아이폰을 사용하고 있다. 이 책을 쓰면서 아이폰에 대한 이야기도 많이 했지만, 어떤 스마트폰을 사용하는지는 그리 중요한 부분이 아니라고 생각한다. 물론 전 세계적인 증가 추세로 볼 때 지금까지는 아이폰의 승리라고 할 수 있겠다. 하지만 안드로이드의 대반격이 이미 시작되었고, 우리는 이 플랫폼 전쟁을 흥미롭게 지켜볼 것이다.

솔직히 애플이 이기든지 구글이 이기든지 나는 큰 관심이 없다. 오히려 내가 관심이 있는 것은 애플리케이션을 사용하는 앱티즌들이 바꾸어갈 세상이 어떻게 변화해갈 것인가 하는 미래 전망이다. 그 미래가 두려우면서도 궁금하고 참여하고 싶다는 생각이 든다. 그래서 바쁜 생활 중에 트위터를 개설했고, 페이스북 사이트에도 가입했으며, 수많은 애플리케이션을 사용하면서 어떤 것이 나에게 맞는지를 고민하고 있다. 이 길이 맞는 것이라면 우리는 살

아 있는 동안 앱티즌이 이끌어가는 세상이 어떤 모습을 할지 보게

될 것 같다. 모든 앱티즌의 건투를 빈다.

당신이 세상의
중심이다

이 책을 마감하면서 지구촌에는 또 다른 지진 소식이 들어왔다. 아이티에 이어, 이번에는 칠레에서 강한 지진이 발생했다. 진도 8.8의 강진, 그리고 이로 인한 지진해일이 전 세계로 퍼져나가는 등 피해가 매우 크다고 한다. 안타깝게도 또 많은 사람이 목숨을 잃었다.

주목할 만한 것은, 이번 지진에서도 소셜 미디어의 활약이 두드러졌다는 점이다. 우선 구글이 선두 주자로 나섰다. 구글은 지진이 발생하자마자 이번 강진으로 가족을 잃은 사람들을 위해 실종자 정보를 한군데에 모아놓았다. 이뿐만이 아니다. 온갖 미디어의 칠레 지진 관련 뉴스를 구글 뉴스로 통합해서 보여주었고, 트위터와 유튜브, 페이스북, 그리고 마이페이스 등에 칠레 지진 관련 속보가 올라오면 이것을 실시간으로 검색할 수 있도록 제공했다.

웹 2.0의 SNS 트위터도 이번 칠레 지진에서 이름값을 했다. 미디어의 보도가 미치지 못하는 곳에서는 늘 트위터가 활약을 했는데, 칠레 지진에서도 지진 소식을 전 세계로 전하고 실종자를 찾는 데에도 도움을 주었다. 유스트림과 페이스북 등 다른 소셜 미디어도 활발하게 움직여서 이번 칠레 지진의 참상을 전 세계에 전달할 수 있었고, 지구촌이 일제히 구호의 손길을 전달하도록 북돋우는 역할을 할 수 있었다.

이제 트위터를 선두로 한 소셜 미디어는 단순한 웹 프로그램이 아니다. 물론 과거 몇 년 동안은 블로그와 덧글 혹은 트위터를 비롯한 소셜 미디어는 전통적 미디어 입장에서 볼 때는 미미한 힘에 불과했을지 모른다. 그래서 파워 블로거와 언론사의 기자늘이 충돌하는 경우도 적잖았다. 하지만 세상이 참 많이 변했다. 이제는 더 이상 소셜 미디어를 폄하하는 이야기를 할 수 없을 것 같다.

필자는 이미 우리 모두가 세상의 중심에 서 있다고 믿는다. 역사는 개인을 중심으로 한 세상을 향해 한 걸음씩 움직여왔다. 중세 르네상스를 거쳐, 종교개혁, 프랑스혁명, 미국의 독립선언, 두 차례에 걸친 세계대전과 68항쟁 등 전 세계적인 움직임으로 볼 때 우리는 분명히 개인의 중요성을 인식하고 한 걸음씩 진보해온 것이라고 볼 수 있다. 여기에 교통과 통신 기술의 발달은 인간을 자유롭게 할 수 있는 토대를 만들어주었다. 말 그대로 이제야 비로소 유기적 연대성을 가진 사회가 되었으며, 우리는 각자 개성과 가치를 존중받은 한 개인으로서 자리매김할 수 있게 된 셈이다.

하지만 불과 얼마 전까지 의사 전달과 관련한 일들을 생각해보면, 지금까지 의사 전달의 가장 중요했던 수단은 매스미디어뿐이었으며 우리는 그 사회를 '대중사회'라고 불렀다는 것을 기억할 수 있다. 하지만 대중사회는 우리 몸에는 본질적으로 맞지 않는 부분이 있었다. 대중 속에서는 한 개인의 가치가 함몰되는 현상이 벌어지는데, 이것이 우리 몸에 맞지 않는다는 말이다. 왜냐하면 미디어는 오로지 매스미디어뿐이었으므로, 매스미디어를 통해 뉴스를 전달받아야 했고 세상 모든 의미도 매스미디어를 통해 전달받았기 받았기 때문이다. 즉, 대중사회에서 한 개인의 가치는 그렇게 중요한 요소가 아니었다. 하지만 현대사회는 대중사회에 비해 더 복잡하고 더 다양하다. 여기서 개인들은 통신 기술의 발달에 따른 개인화 과정을 거쳐 스스로 중요한 존재라는 것을 인지하게 되었고, 중요한 문제는 직접 경험하고자 하는 욕구가 생겨났다. 사실 중요한 문제는 직접 경험을 해봐야 알 수 있는데, 매스미디어로는 우리가 다 경험할 수도 없고 필요한 모든 정보를 들을 수도 없는 것이다. 현대사회 개인들의 욕구란 이렇게 자연스럽게 생겨난 셈이다.

이제 앱티즌에 대해 생각해보자. 대중사회의 대중과는 분위기가 사뭇 다르다. 특히 지구촌 곳곳에서 지금까지 있었던 몇몇 큰 사건들은 앱티즌이 얼마나 중요한 역할을 하고 있는지 말해준다. 아이티 지진과 칠레 지진, 그리고 2010년 1월에 우리 사회에 내렸던 폭설도 마찬가지다. 이러한 사건들은 매스미디어가 닿을 수 없는 곳에서 이미 앱티즌들이 이 모든 것을 대신하고 있음을 보여준다.

과거에는 미디어가 알려주지 않으면 제대로 된 사실을 알 방법이 존재하지 않았다. 하지만 이젠 시대가 변했다. 미디어가 알려주지 않아도 앱티즌 덕분에 우리는 알 수 있는 방법이 너무 많아졌다. 그리고 앱티즌늘이 보는 세상은 대중사회에서 매스미디어가 보여주던 세상과는 다르다. 이 모든 것이 가공되지 않은 현실이다. 매스미디어가 현실적 제약으로 다 보여줄 수 없었던 것을 앱티즌들은 전 세계 각지에서 보여줄 수 있기 때문이다. 텔레비전에서 방영하기 위해 카메라가 가 있는 곳이 몇 군데나 될까? 생각해보면 이미 답은 나와 있다.

그래서 필자는 앱티즌이 세상의 중심에 있다고 생각한다. 다만 우리 스스로 세상의 중심에 있었으면서도 그것을 인식하지 못했고, 우리를 둘러싸고 있는 모든 권력과 단체는 개인이 세상의 중심이라는 것을 인정하려고 하지 않았다.

2009년 가을 아이폰이 KT를 통해 국내에 상륙할 때 참 말이 많았다. 아이폰은 일부 애플 마니아만 구입하고 나면 정체될 것이라고 했다. 그리고 스마트폰은 국내에서 통하지 못할 것이라고 했다. 개인들이 스마트폰을 사용할 욕구도 없다고 했다. 하지만 이런 말들은 완전히 빗나간 예측이 되고 말았다. 그래서 지금까지 휴대폰의 하드웨어 사양만 높이면 될 것이라고 생각한 회사들은 급하게 회사의 정책 노선을 변경하기 시작했다. 앱티즌들이 그렇게 요구했기 때문이다. 그들은 제조사 입장에서 마치 매스미디어를 다루듯이 우리를 '대중' 취급한 셈이고, 이것은 큰 오류라는 것을 뒤늦게 배운 셈이다.

대중사회는 이미 지나가고 더 이상 존재하지 않는다. 우리는 세상의 중심에 선 지 오래다. 그리고 우리가 원하는 대로 세상의 모습이 하나씩 바뀌어가고 있다. 놀랄 일이 아니다. 그래서 필자는 우리 모두, 그리고 앱티즌들이 자신감을 갖기를 바란다. 단순히 유행에 민감하고 나를 더 부각시키고 싶어서 아이폰이나 스마트폰을 사용하는 것이 아니다. 우리는 커뮤니케이션의 발전 과정에 따라 개인 스스로에게 부여된 욕구와 권리를 실현하고 있는 것뿐이다. 세상의 변화는 이제부터 시작이라 해도 지나친 말이 아닐 것이다.

나는 이 책을 서울과 파리를 오가면서 완성했다. 교통만 편한 것이 아니라 통신 환경은 너무나도 편해졌다. 많은 사람이 앱티즌이 되어가고 있다. 올해 국내 스마트폰 시장은 300만 대 이상일 것이라고 예측되고 있다. 그리고 어느 자리에 가든지 스마트폰과 애플리케이션에 대한 이야기가 빠지지 않는다. 재미있는 것은 파리에서도 마찬가지였다는 점이다. 파리에서도 여럿이 모이면 항상 아이폰과 구글 안드로이드폰 이야기였다. 모두의 관심거리가 되어버린 셈이다.

나는 이 책을 많은 기업의 관계자와 미래를 준비하는 독자들이 읽었으면 하는 바람을 가지고 썼다. 문제의 본질을 더 이상 스티브 잡스에게 넘기지 말고 우리 스스로 학문적 바탕에서 실무적 해답을 찾는 노력을 기울였으면 한다. 지금까지 매번 공부한다고 하면서 쓸데없는 것만을 공부해왔던 우리 사회가 쓸데없는 스펙 늘리기에만 급급했던 것은 아닌지 다시 한번 반성하고 재도약을 위한 한 걸음을 시작했으면 한다. 이 책이 그 여정에 조금이나마 보탬이 되었으면 하는 바람이다.

이 책을 마무리하는 날, 서울 밤하늘에는 3월의 폭설이 내렸다. 지난 1월 4일에 폭설이 내린 것에 대해 수많은 앱티즌이 곳곳에서 뉴스를 전해주었는데, 이번에는 어떤 뉴스를 전해주었는지 궁금하다.

참 고 문 헌

Glynn, C. J., Herbst, S., O'Keefe, G. J., & Shapiro, R. Y. (1999), Public Opinion. CO: Westview

Sunstein, C. (2007). Republic.com 2.0. NJ: Princeton University Press

김사승(2008). 디지털 테크놀로지와 저널리즘. 서울:커뮤니케이션 북스. 1~3장.

이준웅·최영재(2005). 한국신문위기의 원인: 뉴스 매체의 기능적 대체, 저가치 제공 그리고 공정성 위기. 한국언론학보, 제49-5호, 5-35.

임종수(2006). 온라인 뉴스 양식과 저널리즘의 변화. 커뮤니케이션이론 제2-2호, 37-73.

김재영·양선희(2006). 온라인저널리즘의 패러독스: 이질성의 동질화. 커뮤니케이션 이론 제2-2호, 1-36.

김사승(2009). 프로-암 온라인 시티즌 저널리즘의 저널리즘적 의미에 관한 분석: NewAssignment 프로젝트 사례를 중심으로. 한국방송학보, 제23-1호, 50-87.

양민제·김민하(2009). 온라인 시민 저널리즘 양상과 시민 영향력에 관한 한·미간 비교 연구. 한국언론정보학보, 제45, 463-495.

김사승(2008). UCC 저널리즘의 이론적 고찰. 사이버커뮤니케이션학보, 제25-2호, 221-262.

김병철·최영(2004). 시민기자 제도 도입에 따른 인터넷 신문의 시민 저널리즘 실천 가능성에 관한 연구. 한국언론정보학보, 26, 1-23.

박선희(2004). 주류 인터넷 언론과 대안 인터넷 언론의 이용비교: 이용자 집단의 특성, 이용자의 뉴스 사이트에 대한 태도, 뉴스이용 패턴. 한국언론정보학보 26호, 1-22.

조수선·김유정(2004). 온라인신문의 의제 및 의제속성 설정 연구: 〈조선닷컴〉과 〈오 마이뉴스〉의 비교 연구. 한국언론학보, 제48-3호, 302-329.

김학수·오연호 (2003). 인터넷 신문을 통한 일반시민의 의제수립 연구. 한국언론학 보, 제47-4호, 60-81.

이건호(2006). 한국 인터넷 매체들의 상호 의제설정 효과: 8개 온라인 신문의 내용분석을 중심으로. 한국언론학보, 제50-4호, 200-227.

강진숙·장지훈·최종민(2009). 2008 촛불집회 참여 경험에 대한 현상학적 연구. 한국방송학보, 제23-4, 7-48.

윤명희(2008). 블로그의 사회이론적 탐색: 커뮤니티의 시각에서. 사이버커뮤니케이션학보, 제25-4호, 121-169.

강지웅·김시현·성윤희·임드보라 (2008). '파워 블로그'의 영향력에 관한 연구. 한국언론정보학회 학술대회, 295-330.

한선(2007). 블로그 생산의 이윤화 기제에 관한 연구. 한국언론정보학회, 37호, 307-341.

박노일·한정호(2008). 블로그 쓰기와 사회정치참여에 관한 연구. 한국언론학보, 제52-2호, 282-302.

박노일·윤영철(2008). 블로그 인기도가 블로거의 저널리즘 인식 및 활동에 미치는 영향 한국언론학보 제52-6호 100-122.

김경희·윤영민(2008). 시민기자로서의 블로거의 활동 동기와 뉴스 생산과정: 방송사 블로그 운영자를 대상으로 한 질적 연구. 미디어경제와 문화 제6-4호, 40-84.

김경희(2007). 언론사 사이트 이용자 블로그의 저널리즘적 가능성. 미디어경제와 문화 제5-2호, 7-47

김사승(2006). 뉴스 블로그의 성격에 관한 분석. 언론과학연구, 제6-2호, 113-148.

김경용. 1998. 〈기호학이란 무엇인가〉, 민음사

박정순. 1995. 〈대중매체의 기호학〉, 나남

차배근. 1976, 〈커뮤니케이션 개념에 대한 제정의와 관점: 실제 조사결과를 중심으로〉, 한국언론학회, 〈한국언론학보〉 제9호

Fiske, J. 1982, Introduction to Communication Studies, 강태완 김선남 역, 2001, 〈커뮤니케이션이란 무엇인가〉, 커뮤니케이션북스

McLuhan, M & E. McLuhan. 1988, Laws of Media: The New Science, Toronto: University of Toronto

KI신서 2343

앱티즌

1판 1쇄 인쇄 2010년 3월 25일
1판 1쇄 발행 2010년 3월 31일

지은이 이동우 **펴낸이** 김영곤 **펴낸곳** (주)북이십일 21세기북스
기획 · 편집 황상욱 **본부장** 이승현
마케팅영업 도건홍, 김남연 **디자인** 씨디자인
출판등록 2000년 5월 6일 제10-1965호
주소 (우413-756) 경기도 파주시 교하읍 문발리 파주출판단지 518-3
대표전화 031-955-2100 **내용문의** 031-955-2107 **팩스** 031-955-2122
이메일 book21@book21.co.kr **홈페이지** www.book21.co.kr

© 2010 이동우

값 15,000원
ISBN 978-89-509-2293-1 03320